Burkert / Stolz   Hymnen der Alten Welt im Kulturvergleich

ORBIS BIBLICUS ET ORIENTALIS

Im Auftrag des Biblischen Instituts
der Universität Freiburg Schweiz,
des Seminars für Biblische Zeitgeschichte
der Universität Münster i. W.
und der Schweizerischen Gesellschaft
für orientalische Altertumswissenschaft
herausgegeben von
Othmar Keel
unter Mitarbeit von Christoph Uehlinger, Erich Zenger und Albert de Pury

Die Autoren:

Walter Burkert ist Professor für Klassische Philologie an der Universität Zürich; er hat u. a. zahlreiche Arbeiten zur griechischen Religionsgeschichte, insbesondere auch zu Fragen des Religionsaustauschs zwischen Griechenland und dem Alten Orient verfaßt.
Dietz O. Edzard ist Professor für Assyriologie an der Universität München; er hat in seinen religionsgeschichtlich relevanten Publikationen Probleme sowohl der sumerischen wie der semitischen Kultur Mesopotamiens bearbeitet.
Jan Assmann ist Professor für Ägyptologie an der Universität Heidelberg; in seinen Forschungen zur altägyptischen Religion hat er immer wieder auf religionsgeschichtliche Probleme grundsätzlicher Natur ausgegriffen.
Gernot Wilhelm ist Professor für orientalische Philologie an der Universität Würzburg; er hat sich insbesondere auf Probleme der hurritischen und hethitischen Kultur spezialisiert.
Eva Tichy ist Privatdozentin an der Universität Marburg; ihre Forschungs- und Lehrgebiete sind die Indogermanistik, die Indoiranistik und die Gräzistik.
Hermann Spieckermann ist Professor für Altes Testament und Altorientalische Religionsgeschichte an der Universität Hamburg; seine alttestamentlichen Forschungen berücksichtigen in besonderer Weise den altorientalischen Horizont Israels.
Fritz Stolz ist Professor für Allgemeine Religionsgeschichte und Religionswissenschaft an der Universität Zürich; er hat sich vielfach mit Problemen der Vergleichbarkeit religiöser Phänomene beschäftigt.

Orbis Biblicus et Orientalis   131

Hymnen
der Alten Welt im
Kulturvergleich

Herausgegeben von
Walter Burkert und Fritz Stolz

Universitätsverlag Freiburg Schweiz
Vandenhoeck & Ruprecht Göttingen

Die Deutsche Bibliothek – CIP-Einheitsaufnahme

Hymnen der Alten Welt im Kulturvergleich / hrsg. von Walter Burkert und Fritz Stolz. - Freiburg/Schweiz: Univ.-Verl.; Göttingen: Vandenhoeck und Ruprecht, 1994
  (Orbis biblicus et orientalis; 131)
  ISBN 3-525-53766-2 (Vandenhoeck und Ruprecht)
  ISBN 3-7278-0929-9 (Univ.-Verl.)
NE: Burkert, Walter [Hrsg.]; GT

Veröffentlicht mit Unterstützung der Schweizerischen
Akademie der Geistes- und Sozialwissenschaften

Die Druckvorlagen wurden von den Herausgebern
als reprofertige Dokumente zur Verfügung gestellt

© 1994 by Universitätsverlag Freiburg Schweiz
    Vandenhoeck & Ruprecht Göttingen

Paulusdruckerei Freiburg Schweiz

ISBN 3-7278-0929-9 (Universitätsverlag)
ISBN 3-525-53766-2 (Vandenhoeck & Ruprecht)

INHALTSVERZEICHNIS

Einführung	7
Walter Burkert, Griechische Hymnoi	9
Dietz O.Edzard, Sumerische und akkadische Hymnen	19
Jan Assmann, Verkünden und Verklären - Grundformen hymnischer Rede im alten Ägypten	33
Gernot Wilhelm, Hymnen der Hethiter	59
Eva Tichy, Indoiranische Hymnen	79
Hermann Spieckermann, Alttestamentliche "Hymnen"	97
Fritz Stolz, Vergleichende Hymnenforschung - ein Nachwort	109
Stichwortverzeichnis	121

EINFÜHRUNG

Wort und Begriff des Hymnos ist der griechischen Sprache entnommen und lebt in verschiedenen Wandlungen, durch Kontinuitäten und Renaissancen hindurch, in den modernen europäischen Sprachen fort. Es ist seit langem üblich, auch auf die vorgriechischen Religionen und Literaturen des sogenannten Alten Orients eben diese Bezeichnung anzuwenden. Der "Nahe Osten" freilich scheint doch immer in gewissem Maße den Charakter des Fernen, Fremdartigen zu bewahren. Gerade heutzutage nehmen diese Länder und Kulturen - Türkei, Irak, Afghanistan, Ägypten, mit Israel dazwischen - leicht die Züge einer Gegenwelt an, die gegen unsere eigene, die "westliche" Welt steht. Daß der "Nahe Osten" in der Tat mit unserer geistigen Tradition seit je verbunden war und dies geblieben ist, daß mannigfache Wechselwirkungen bestanden, daß insbesondere die erste "westliche" Kultur, eben die griechische, davon gar nicht weit abliegt, dies ist ein nicht immer beachtetes Faktum, das ins Bewußtsein zu heben eben die vorliegende Synthese versucht.

An "Hymnen", einem Phänomen, in dem Sprache und Religion sich treffen, sollen diese Perspektiven und Probleme hier vergleichend vorgestellt werden. Es werden im Vergleich der alten Sprachen und Kulturen einerseits historische Zusammenhänge, andererseits spezifische Differenzen reliefartig zutage treten. Seit langem ist auch die Frage gestellt, ob es schon in sehr früher Zeit eine Spaltung der Kulturen gab, etwa, den Sprachfamilien entsprechend, in einen semitisch-hamitischen und einen indogermanischen Block, wobei im Hethitischen beides, das "Altorientalische" im engeren Sinn und das "Indogermanische", sich treffen müßte. Der Befund ist, wie sich zeigen wird, nicht so einfach zu erheben.

Entsprechend dem Programm einer eintägigen Tagung, für die die vorliegenden Beiträge entstanden, sind es geraffte Übersichten, die hier geboten werden. Alles ließe sich sehr viel ausführlicher und mit sehr viel mehr Detail darlegen - fast gleichzeitig fand in Neapel zum gleichen Thema, L'inno nel mondo antico, eine viertägige Tagung mit 22 Referaten statt. Aber sofern der Spezialist Nachbargebiete überhaupt noch zur Kenntnis nehmen will, sind wir alle auch als Wissenschafter auf Strukturierung und Verdeutlichung und damit auf verknappende Raffung angewiesen. Nicht-Spezialisten werden erst recht für einführende Übersichten dankbar sein.

Zur Tagung, die hier dokumentiert ist, hatten die Schweizerische Gesellschaft für Orientalische Altertumswissenschaft und die Schweizerische Gesellschaft für Religionswissenschaft auf den 30. November 1991 nach Zürich eingeladen. Die Vorträge sind für die Drucklegung z.T. etwas erweitert worden.

Das dichte Programm ließ für die Diskussion wenig Raum; jedenfalls zu wenig, um die unterschiedlichen Gesichtspunkte, die in den einzelnen Vorträgen zum Ausdruck kamen, in Beziehung zu setzen und angemessen zu verarbeiten. Aus diesem Grund ist den damaligen Referaten hier noch ein ausführliches Nachwort beigegeben, das wenigstens einige Perspektiven des Vergleichs aufzuzeigen versucht.

Wir danken dem Herausgeber der Reihe für die Möglichkeit der Publikation und Herrn A.Jödicke für die Bearbeitung der Druckvorlage.

Zürich, April 1993   Walter Burkert
                                                         Fritz Stolz

Walter Burkert

GRIECHISCHE HYMNOI

Einige Hinweise zur griechischen Kultur, aus der das Wort *Hymnos* stammt, mögen zur Vorverständigung beitragen. Die Etymologie dieses Wortstamms ist unklar und unergiebig.[1] Es gehört, samt dem zugehörigen Verbum *hymneo*, in den Bereich des singenden und damit preisenden Erzählens; eine Übersetzung wie "Lobgesang", "Preislied" drängt sich auf, das Verbum läßt sich auch mit "besingen" wiedergeben - bezeichnend, wie antiquiert all diese Wörter in unserer Sprache klingen. Es gibt einige allgemeinere Belege, im Sinne von "Gesang" und "singen" überhaupt, doch vorzugsweise ist *hymnos* ein Gesang, der sich Götter als Inhalt und Gegenüber setzt. Schon bei Hesiod ist das ganz fest: Die Musen selbst sind Vorbilder des "Preisens", sie "besingen" die unsterblichen Götter, und sie gebieten dem Dichter, es ihnen nachzutun. "Wie soll ich dich preisen, der du in jeder Hinsicht wohl zu preisen bist", fragt der Dichter des "homerischen" Apollonhymnos den Gott,[2] und er trifft dann seine Wahl im weiten Feld der Möglichkeiten, die dem Sänger zu Gebote stehen. Zwischen Gott und verehrender Gemeinde vermittelt der Dichter, der das rechte "Preislied" zu finden weiß.

Später, bei Platon, wird dann definitorisch festgelegt, daß "Hymnen" sich an Götter richten und insofern mit "Enkomien" kontrastieren, den Preisgedich-

---

1 Vgl. Chantraine 1968/80, 1156. Am einleuchtendsten ist die Zuordnung zum Stamm *mne-* "in Erinnerung bringen", mit einer undeutlich gewordenen alten Praeposition *hu-*; so hat es, ohne Sprachwissenschaft, bereits Didymos verstanden, der der das Wort zu *hupo-mneso* stellt, Didymi Chalcenteri Grammatici Alexandrini Fragmenta ed. M. Schmidt, Leipzig 1854, 389.
2 Hymn.Apoll.19, 207.

ten auf Menschen;[3] diese Bestimmung ist auch für die Späteren weithin maß-
gebend geworden. Komplikation ergab sich freilich daraus, daß aus fester Tradition bestimmte Götterlieder ihre je besonderen Namen tragen, der Dithyrambos zumal für Dionysos und der Paian für Apollon. Sind sie und ihresgleichen
nun Untergruppen des *Hymnos* qua Götterlied, oder besteht der *Hymnos* als
Sonderform neben ihnen? Wenn ja, in welcher Form und Funktion? Der Philo-
loge Didymos war geneigt, "Hymnos" als das allgemeinere Genos anzusetzen,
welchem Paian, Dithyrambos und anderes als Spezies untergeordnet seien,[4]
und wußte doch, daß dies in der Praxis nicht aufgeht: Vor ihm hatte der Philo-
loge Aristophanes von Byzanz für die Gesamtausgabe der Werke Pindars ein
eigenes Buch "Hymnen" neben Paianen, Dithyramben und anderem Speziellen
abgegrenzt.[5] In der Rhetorik finden wir insbesondere den Begriff des *Hymnos
kletikos*, des Hymnos der Anrufung;[6] dies gibt zumindest einer Untergruppe
von Hymnen ihre klare, besondere Funktion.

Wenden wir uns statt den Kategorien den erhaltenen Corpora griechischer
"Hymnen" zu, so ist zunächst auf eine späte Sammlung zu verweisen, die eben
unter diesem Begriff *Hymnoi* angelegt wurde und in verschiedenen Abschriften fast ganz erhalten ist. Sie stellte die "Hymnen Homers" zusammen mit denen des Kallimachos, des Orpheus und des Proklos; die Form ist durchweg he-
xametrisch.[7] Die "homerischen Hymnen" sind alte Kompositionen verschiedenen Umfangs im altepischen Stil; sie stammen wohl aus dem 7.-5. Jh. v. Chr.;
die Autorschaft "Homers", d.h. des Iliasdichters, wird heute allenfalls für einen
dieser "Hymnen", den an Aphrodite, noch diskutiert.[8] Jedenfalls handelt es
sich bei diesen Gedichten evidentermaßen um Einleitungen, *prooimia*,[9] zu
altepischen Rezitationen, situationsgebundenen "Vorsprüchen", mit denen der
Rhapsode sich je an eine Gottheit wendet, um sich ihres Wohlwollens zu ver-
sichern, ehe er dann mit einem stereotypen Übergangsvers zu einem "anderen
Gesang", eben einem epischen, "homerischen" Vortrag übergeht.

---

3 Resp. 607a, Leg.801e, 802a, vgl. 700b. Schon Aischylos Cho. 475 setzt die
"Zugehörigkeit" des Hymnos zu bestimmten Göttern voraus: "den Göttern unter der
Erde gehört dieser Hymnos".

4 Didymos p.389 Schmid, bei Proklos Chrestom. 319 B f. und Et.M. 777, 9.

5 Aristophanis Byzantii Fragmenta ed.W.J.Slater, Berlin 1986, fr.381 = Pap. Ox. 2438.

6 Menandros in Rhetores Graeci rec. L. Spengel III, Leipzig 1856, 333.

7 Distichen in Kallimachos Hymn.5. Zum Hymnencorpus vgl. Pfeiffer 1953, lv f.;
Pfeiffer neigt zu einer Datierung der Sammlung ins 9./10.Jh.

8 Reinhardt 1961, dagegen Heitsch 1965, Lentz 1975, Janko 1982, 151-180; grundlegende Ausgabe und Kommentar der homerischen Hymnen von Allen-Halliday-Sikes
1936; zur relativen Datierung Janko 1982.

9 Thukydides 3, 104 zitiert den dritten homerischen Hymnos als "Prooimion des
Apollon", wobei Homers Autorschaft für ihn feststeht.

Die anderen Bestandteile jener Hymnensammlung sind weit später entstanden: Kallimachos, der maßgebende Dichter des alexandrinischen Hellenismus im 3. Jh. v. Chr., präsentiert eigenwillige Schöpfungen hochsensibler Artistik, Dichtungen, die sich teilweise an die Homerischen Hymnen anlehnen, doch dem realen Kult entrückt sind und das Göttliche aus poetischem Bewußtsein, nicht selten auch aus ironischer Distanz gestalten.[10] Unmittelbar dem Kult dagegen entstammen offenbar die "Hymnen des Orpheus". Der Name des mythischen Dichters Orpheus ist für uns ein Pseudonym; es handelt sich um das real verwendete "Gesangbuch" einer dionysisch-orphischen Mysteriengemeinde aus der Kaiserzeit, wohl im 2. Jh. n. Chr. in Kleinasien anzusetzen.[11] Die philosophischen Hymnen des Neuplatonikers Proklos endlich, aus dem 5. Jh. n. Chr., gehören zu den spätesten Zeugnissen polytheistischen "Heidentums", das sein Sinnzentrum schließlich in der Philosophie sucht.[12]

Diese so uneinheitliche Sammlung zeigt immerhin eine charakteristische Polarität im Phänomen des griechischen *hymnos*: In den Vordergrund drängt sich die literarische Form, man hat es mit Dichtung zu tun, mit Autornamen und entsprechendem Anspruch; und doch steht dahinter das Anliegen und die Anwendung in der gelebten polytheistischen Religion.

Wir können den Bestand antiker Hymnen durchaus erweitern und ergänzen: Lieder der Sappho und des Alkaios, um 600 v. Chr., "besingen" einzelne Götter und verstehen sich in diesem Sinn durchaus als *hymnoi*. Die Gottheit wird direkt angeredet "Sei gegrüßt, der du über Kyllene gebietest, Dich zu preisen steht mein Sinn", so beginnt der Hermeshymnos des Alkaios, um mit dem Geburtsmythos fortzufahren.[13] Musterbeispiel eines *hymnos kletikos* in Form und Aufbau ist das bekannteste Liebesgedicht der Sappho, das die antike Gesamtausgabe von Sapphos Werken einleitete: Die Göttin Aphrodite auf ihrem bunten Thron wird angerufen, ihr himmlisches Haus zu verlassen, ihren Vogel-Wagen anzuspannen und über Meer und Land herbeizukommen, um Liebe zu stiften.[14] Diese Art der Anrufung samt der Vorstellung von der göttlichen Wagenfahrt dürfte bis auf indogermanische Tradition zurückgehen, hat jedenfalls im Veda frappante Parallelen, wie auch in ihrer metrischen Form die Dichtung von Sappho und Alkaios der rekonstruierbaren indogermanischen Metrik am nächsten steht.

Während Sapphos Dichtung ins Persönliche, Private sich wendet, ist in der archaischen Öffentlichkeitskultur des 7./ 6. Jh. v. Chr. gerade das Götterlied zum Zentrum der Polis-Feste geworden. Es wurde dabei immer prächtiger aus-

---

10 Maßgebende Ausgabe von Pfeiffer 1953.
11 Ausgabe von Quandt 1955, vgl. R. Keydell RE XVIII 2 (1942) 1321-1333.
12 Ausgabe von Vogt 1957, vgl. Wilamowitz 1907.
13 Alkaios Fr. 308 in E. Voigt, Sappho et Alcaeus, Amsterdam 1971.
14 Sappho Fr. 1 Voigt.

gestaltet, als Chorlied vor allem, in dem die feiernde Gemeinde sich der Gottheit präsentiert. Es geht um den lebendigen Vollzug im jeweiligen Fest, der Sänger als "Lehrer" wirkt mit der ausführenden Gruppe zusammen inmitten der teilnehmenden Gemeinde. Text, Musik und Tanz bilden in der Aufführung eine Einheit. Nicht selten werden Lieder im Wettkampf vorgetragen, Preise werden verliehen. Hier nun bilden sich die festen Kategorien der Götterlieder je nach Anlaß aus, der Paian des Apollon, der Dithyrambos des Dionysos, das Prozessionslied, das Tanzlied, besonders auch Lieder der "Jungfrauen". Das Lied war jedes Mal neu zu komponieren, was Grundlage und Anreiz war für die reichen und immer kunstvolleren Gestaltungen der professionellen Musiker und Chordirigenten; in der Rückschau erscheinen sie als die klassischen "lyrischen" Dichter. Schriftlich aufgezeichnete Texte haben wir seit Alkman, um 600 v.Chr., die mündliche Tradition dürfte, wie erwähnt, weit darüber hinaus bis in indogermanische Bereiche zurückreichen.

Die Literarisierung hat die Texte konserviert; doch für die Aufführung mußte auch später immer wieder neu gedichtet werden. Die Hymnendichtung besteht also weiter, gerade in ihrer praktischen, auf den Götterkult ausgerichteten Form. Daneben entsteht, indem seit Platon die Philosophen den Dichtern die "Theologie" streitig machen, als neue Form der philosophische Hymnos; dies eben ist die Art, das Göttliche darzustellen. Ein markantes Beispiel ist das Hexametergedicht des Stoikers Kleanthes aus dem 3. Jh. v. Chr., der "Zeushymnos", der gleichsam die Epitome der stoischen Theologie enthält.[15] Der kaiserzeitliche Stoiker Epiktet sieht als die eigentliche Aufgabe des Menschen, des Philosophen zumal den "Hymnos auf Gott" und seine Vorsehung.[16] In Konkurrenz zu Dichtern und Philosophen wiederum gibt es auch rhetorische Prosahymnen; besonders von dem Starredner Aelius Aristides aus dem 2. Jh. n. Chr. sind mehrere solche Kompositionen erhalten,[17] und noch Kaiser Julian, der Apostat, suchte dieses Genos wieder zu beleben.[18] Bereits vor ihm hatte der Neuplatoniker Synesios Hymnen im Liederstil mit platonisch-christlichem Inhalt erfüllt.[19] Das griechisch sprechende Judentum hatte sich zunächst, wie die Septuaginta erkennen läßt, von Wort und Begriff des *hymnos* bewußt und entschieden abgesetzt und vielmehr ein Buch von *psalmoi* präsentiert; das "Hohe Lied" heißt *asma asmaton*. Im griechisch sprechenden Christentum hat sich dann aber *hymnos*, *hymnodia* fast restlos wieder durchgesetzt[20] und schließlich auch in der griechisch-orthodoxen Liturgie behauptet.

---

15 v. Arnim 1903, 121 fr. 537 = Stob. 1,1,12.

16 Epict. Diss.1, 16, 15-21.

17 Höfler 1935, Wahl 1946, Uerschels 1962, Jöhrens 1981, vgl. Russell 1990.

18 or.11 (4) "An den König Helios" und 8 (5) "An die Mutter der Götter".

19 Lacombrade 1978.

20 Vgl. Delling 1969.

Wir fassen mit alledem im Griechischen vorzugsweise ein Stück Literatur-
geschichte; es handelt sich immer wieder um literarische Schöpfungen, die
insbesondere der poetischen Entwicklung und Mode folgen. Stets besteht die
Option der "homerischen" Hexameterform, neben freieren "lyrischen" Formen
und der stilisierten Kunstprosa. Die originäre religiöse Tradition ist in der
griechischen Kultur den Dichtern und Literaten überantwortet. Dies wird auch
in den dramatischen Texten reflektiert, in Tragödie und Komödie, vor allem in
ihren Chorpartien; so bieten die griechischen Dramentexte, Aischylos voran,
vielbewunderte Glanzstücke der religiösen Hymnik.[21]

Trotzdem wird eben durch die Literatur hindurch die religiöse Funktion
empfunden und festgehalten: Hymnen sind Götter-Hymnen, die in der praktisch gelebten Religion ihren Platz und ihre Funktion haben. Zu den literarischen Texten treten darum nicht wenige inschriftliche Zeugnisse für solche
Praxis, meist im Zusammenhang der Verwaltung von Heiligtümern und Festen. Gelegentlich sind dabei auch die Texte selbst festgehalten worden[22] - so
angeblich schon der "homerische" Apollonhymnus auf Delos[23] -, in Ausnah-
mefällen sogar mit Musiknoten, wie in Delphi.[24] Kürzlich veröffentlichte
Inschriften aus dem Orakelheiligtum des Apollon von Klaros zeigen, daß der
Gott bei den üblichen Anfragen, was in einer Krisensituation zu tun sei, immer
wieder anordnete, man solle unter anderem eine Abordnung von Hymnensän-
gern nach Klaros schicken, *hymnodoi:* Der Gott bestellt sich seine eigenen
Festspiele.[25] Einzelne Heiligtümer oder Priestergeschlechter berufen sich auf
ihre "eigenen" uralten Hymnen, mit denen sie ihre Götter besingen, auch sie
mit Verfassernamen, die für uns mythisch bleiben, etwa "Olen" für Delos,
"Pamphos" für Athen.[26] Das Interesse der Priester und Verwalter der Heiligtümer an der Hymnik liegt auf der Hand.

Praxis anderer Art reflektieren die magischen Texte: Vielerlei Zaubertexte,
ja ganze Zauberbücher sind auf Papyrus und auf Metallfolien erhalten, und sie
enthalten nicht selten Hymnen in metrischer Form, Hymnen, die teils für den
eigentlich magischen Zweck verfaßt, teils aber offenbar auch aus anderen, allgemeineren kultischen Zusammenhängen adaptiert sind.[27] Hymnos als Götter-
anruf und Magie haben evidente Gemeinsamkeiten; doch zeigen die Elemente

---

21 Vgl. Dorsch 1983. Die "Zeushymnen" des Aischylos sind Hik. 86-110 und Ag. 160-
183.

22 Die Päane stellt Käppel 1992, 368-391 zusammen.

23 Certamen Homeri et Hesiodi p. 44, 25 Wilamowitz = p. 237 Z. 320 Allen.

24 Zu den "Delphischen Hymnen" vgl. Pöhlmann 1970 nr. 19/20; Käppel 1992 387-
391 nr. 45/46.

25 Epigraphica Anatolica 9 (1987) 61-72 = Supplementum Epigraphicum Graecum 37,
957-980.

26 Olen: Hdt. 4, 35; P. Maas RE XVII 2432f.; Pamphos: P. Maas RE XVIII 2, 352f.

27 Siehe Henrichs bei Preisendanz-Henrichs 1974, II 237-266; vgl. Betz 1992.

indogermanischer Götterdichtung, wie weit man zurückgehen muß, wollte man ernsthaft das Magische vor die Entwicklung des poetischen Hymnos setzen.[28]

Hymnen gehören zu den Göttern, sie richten sich an Götter: Ihre allgemeine Funktion ist es, die Präsenz des Göttlichen zu gestalten und damit eigentlich zu bewirken, die Begegnung mit dem Göttlichen herbeizuführen, einzuleiten und zu begleiten. Andere Möglichkeiten der göttlichen Epiphanie, Ekstatisches, Zwielichtiges, Unheimliches, scheint demgegenüber im griechischen Kult zumindest offiziell zurückgedrängt. Das Preislied bedingt eine Atmosphäre des Außerordentlichen, des Festlichen und Freudigen, wobei gerade auch Musik und Tanz mit der literarischen Kunst zusammengehen.

Der charakteristische Gruß auch an einen Gott im Hymnos ist *chaire* "freue dich". Dies schließt nicht aus, daß im Hintergrund auch die Sorge, ja Angst vor den "Stärkeren" sich regt: "Gnade" kann verloren gehen. Eben darum bedarf es des "freudigen" Festes, sie zu sichern oder wiederherzustellen. Apollon in seinem Grimm schickt die Pest - versöhnt wird er mit einem "schönen" Paian, an dem er selbst sich "freut"; so erzählt der Anfang der Ilias.[29] Oft klingt es naiv, als komme es auf die "gute Laune" des Höheren an, was griechisch mit dem Stamm *hilaos* "gutgelaunt, gnädig" ausgedrückt wird; so wird immer wieder der Wunsch *hilathi, hilekoi* formuliert: der Gott soll "freundlich" sein. Der Hymnos wird dafür sorgen.

Wenn in dieser Weise der Hymnos den freundlichen Kontakt mit der Gottheit sucht, dann kommt es zunächst darauf an, Aufmerksamkeit zu finden. Wesentliche Elemente sind daher die Nennung des Götternamens, und zwar meist im Vokativ, dazu die Aufforderungen "höre" und "komm". Ziel und Ende ist in der Regel die konkrete Bitte, das Anliegen von Sänger und Gemeinde. Zwei besondere stilistisch-poetische Strategien geben zwischen Anruf und Bitte dem Anliegen Gewicht: die schmückenden Adjektiva, die zum Namen treten, und die mythologische Erzählung, die gleichsam Präzedenzfälle setzt, die den Gott motivieren bzw. die Hoffnung der Bittenden und "Preisenden" aktivieren sollen.

Ein Gott kann vielerlei Namen haben, Hauptnamen und Beinamen; es kommt darauf an, den rechten zu treffen. Das Suchen nach dem Namen ist also ein besonderes Element des Hymnos wie auch des Gebetes überhaupt. Die Epitheta sind gleichsam Erweiterungen des Namens, auch hier kommt es im Erfinden aufs "Finden" an, denn die Nennung seines Wesens wird den Gott gegenwärtig machen, und er wird sich seiner Ehre freuen. Es ist eine aus indogermanischer Tradition entwickelte Eigenheit der griechischen Sprache, daß man fast unbegrenzt zusammengesetzte Adjektive bilden kann; dies ist und bleibt eine besondere Kunst des Dichters. Es gibt feste, traditionelle Beiwörter

---

28 So Wünsch 1914: 144 "So mag man sich als älteste Form des H. einen Zauberspruch denken . . .".

29 Ilias 1, 472-474.

der Götter, es lassen sich aber immer auch neue Bildungen schaffen. Im Extremfall kann ein Hymnos fast nur aus der Anhäufung solcher Adjektive bestehen; Beispiele dafür sind vor allem die orphischen Hymnen, doch hat ein Papyrusfund gezeigt, daß *hymnoi* in Form der Namenreihung durchaus in alter Zeit bekannt gewesen sind.[30]

Die Aufforderung an den Gott nimmt meist die Form an, daß der Gott "kommen" soll. Das bekannteste Beispiel aus Sapphos Dichtung wurde schon erwähnt. Es kommt gegebenenfalls darauf an, den augenblicklichen Aufenthaltsort des Gottes zu finden, sei es auf dem Götterberg Olympos, sei es in einem seiner Lieblings-Heiligtümer, oder aber in einer märchenhaften Ferne, die nur ihm zugänglich ist. Für die rasche Reise hoher Herrschaften steht das Bild des Wagens zur Verfügung, doch geht das Göttliche darüber noch hinaus: Ihm bleibt der Flug. Flügelwagen, Flügelpferde, für Apollon auch einmal ein geflügelter Dreifuß, dies sind Motive, die von der Dichtung her dann auch in der Bildkunst effektvoll gestaltet werden.

Dazu kommt die mythische Erzählung, die für die Griechen stets im Bannkreis von Homer und Hesiod steht. Sie charakterisiert insbesondere die größeren unter den sogenannten "homerischen Hymnen", die für uns damit zu mythischen Standardtexten geworden sind: Demeter und der Raub Persephones, Apollons Geburt auf Delos und sein Drachenkampf in Delphi, Aphrodites Liebeslager mit Anchises, Hermes' Rinderdiebstahl, Dionysos' Seefahrt. Man erzählt also insbesondere von der Geburt des Gottes, von seinen Wanderungen, von Kämpfen und anderen Auseinandersetzungen, von der Etablierung des Rangs unter den Göttern und der Einrichtung der Kultstätten unter den Menschen. Der Gott hat sein Wesen in den Situationen des Mythos gezeigt: Aphrodite liebt, Apollon singt, und Hermes stiehlt. Der Mensch, der dessen gedenkend den Gott besingt, ehrt sein Wesen und kann zugleich hoffen über ihn als Wissender zu verfügen.

Die Inanspruchnahme von Poesie, Musik und Tanz wirkt zurück auf das Gottesbild: Die Götter selbst lieben die Musik, und sie lieben es, "geehrt" zu sein. Das "hymnische" Bild der Gottheit kann noch weiter ausgreifen. In mehr als einer Religion stellt man sich vor, daß der immerwährende Lobgesang ja wohl die einzig gottgeziemende Tätigkeit im Himmel sei. Der Realist könnte versucht sein festzustellen, daß das "Preisen" eine besonders erfolgreiche Strategie des sprachbegabten Unterlegenen ist, sich bemerkbar zu machen, ohne lästig zu werden. Sprachbegabung in hierarchischer Gesellschaft ist eine der allgemeinsten Charakteristiken der *condition humaine*. Insofern ist nicht erstaunlich, daß der "Hymnos" doch wohl ein kulturübergreifendes Phänomen ist: Er wird sich entwickeln, wo immer hierarchische Religion mit Sprachbegabung sich kreuzt.

---

30 "Hymnoi" zitiert im Papyrus von Derveni Kol. XVIII 11, Zeitschrift für Papyrologie und Epigraphik 47 (1982) Anhang.

16

Inwieweit sich in den hier vorgestellten Kulturen doch letztlich eine vom Sumerischen und/oder Indogermanischen ausgehende Diffusion feststellen läßt, ist eine andere Frage. Die griechischen Hymnen jedenfalls dürften in erster Linie durch die besonders konsequente literarische Formung, die Integration in Poesie überhaupt abgehoben sein, ohne doch aus dem gemeinsamen Rahmen zu fallen.

Bibliographie:

Allen Thomas William / Halliday William Reginald / Sikes Edward Ernest 1936[2], The Homeric Hymns, Oxford.

Arnim Hans von 1903, Stoicorum Veterum Fragmenta I, Leipzig.

Betz Hans Dieter (ed.) 1992[2], The Greek Magical Texts in Translation, Including the Demotic Spells, Chicago.

Chantraine Paul 1968/80, Dictionnaire étymologique de la langue grecque, Paris.

Delling Gerhard 1969, Art. *Hymnos* etc., Kittels Theologisches Wörterbuch zum Neuen Testament VIII, 492-506.

Dorsch K.-D. 1983, Götterhymnen in den Chorliedern der griechischen Tragiker, Münster.

Heitsch Ernst 1965, Aphroditehymnus, Aeneas und Homer, Göttingen.

Höfler A. 1935, Der Sarapishymnos des Ailios Aristeides, Stuttgart.

Janko Richard 1982, Homer, Hesiod and the Hymns. Diachronic Development in Epic Diction, Cambridge.

Jöhrens Gerhard 1981, Der Athenahymnus des Ailios Aristeides, Bonn.

Käppel L. 1992, Paian. Studien zur Geschichte einer Gattung, Berlin.

Keyßner R. 1932, Gottesvorstellung und Lebensauffassung im griechischen Hymnos, Stuttgart.

Kroll Joseph 1968[2], Die christliche Hymnodik bis zu Klemens von Alexandreia, Darmstadt.

Lacombrade Christian 1978, Synésios de Cyrène I: Hymnes, Paris.

Lattke Michael 1991, Hymnus. Materialien zu einer Geschichte der antiken Hymnologie, Freiburg, Göttingen.

Lenz Lutz 1975, Der homerische Aphroditehymnus und die Aristie des Aineias in der Ilias, Bonn.

Meyer H. 1933, Hymnische Stilelemente in der frühgriechischen Dichtung, Diss. Köln.

Norden Eduard 1913, Agnostos Theos. Untersuchungen zur Formengeschichte religiöser Rede, Berlin, 143-276

Pfeiffer Rudolf 1953, Callimachus Vol.II: Hymni et Epigrammata, Oxford.

Pöhlmann Egbert 1970, Denkmäler altgriechischer Musik, Nürnberg.

Preisendanz Karl 1974, Papyri Graecae Magicae. Die griechischen Zauberpapyri. 2.Aufl. durchgesehen und herausgegeben von A. Henrichs, Stuttgart.

Quandt Wilhelm 1955, Orphei Hymni, Berlin 1941, 1955^2

Reinhardt Karl 1961, Die Ilias und ihr Dichter, Göttingen.

Russell D.A. 1990, Aristides and the Prose Hymn, in: Antonine Literature, Oxford, 199-219.

Uerschels Wilfried 1962, Der Dionysoshymnos des Ailios Aristeides, Diss. Bonn.

Vogt Ernst 1957, Procli Hymni, Wiesbaden.

Wahl W. 1946, Der Herakleshymnos des Ailios Aristeides, Diss. Tübingen.

Wilamowitz-Moellendorff Ulrich von 1907, Die Hymnen des Proklos und Synesios, Sitzungsber. Berlin, 272-295

Wünsch Richard 1914, Art. Hymnos, Realencyclopädie der classischen Altertumswissenschaft IX, 140-183

Dietz Otto Edzard

SUMERISCHE UND AKKADISCHE HYMNEN[1]

Die Frage nach dem "Hymnus"[2] in der sumerischen und akkadischen Literatur kann leicht ausarten in die Frage nach dieser Literatur überhaupt. Nach einer Schätzung von M. Civil in Chicago nehmen allein die sumerischen "Königshymnen" etwa ein Viertel des Gesamtumfangs der bisher bekannten sumerischen Literatur ein. Sehen wir von den "Königshymnen" im Sumerischen ab, so stoßen wir auf "Hymnen" schlechthin - seien es nun eigenständige Dichtwerke oder Einschübe in Werken anderer Gattung - an vielen, manchmal für uns unerwarteten Stellen.

Es gibt zwei jüngere Versuche, die Keilschriftliteratur zu klassifizieren: den von J. Krecher, nur das Sumerische betreffend;[3] und den von D. O. Edzard und W. Röllig.[4] Krecher hat bei seiner hier nicht näher zu erläuternden Aufteilung die "Hymnen" als eine "uneinheitliche Gruppe" herausgestellt. Edzard führt "Hymnen" ("Preislieder") als eigene Rubrik der sumerischen Literatur. Nach Rölligs Beitrag unter "akkadische Literatur" lassen sich die "Hymnen"

---

1 Der folgende Text hält sich so eng wie möglich an den Wortlaut des Vortrags. Die Anmerkungen beschränken sich auf wenige Erläuterungen und Literaturangaben, ohne auf angesprochene Fragen vertiefend einzugehen. Der ursprüngliche Titel "Sumerisch-akkadische Hymnen" wurde in "Sumerische und akkadische Hymnen" abgewandelt, um - bei aller Nähe beider zueinander und vielerlei Einflüssen - doch die jeweilige Eigenständigkeit hervorzuheben.

2 Wir sind einigen Beiträgen verpflichtet: Hirsch 1974; von Soden 1972/75; Wilcke 1974, 1972/75, 1976. Wir verwenden "Hymnus" anstelle der aus dem Plural "Hymnen" retrograd abgeleiteten weiblichen Form "Hymne", so sehr diese auch durch die "Nationalhymne" legitimiert sein mag.

3 Krecher 1978, 115.

4 Edzard/Röllig 1976/80.

"zum Teil nur schwer von Gebeten und den hymnischen Einleitungen mythologischer Texte absetzen".

Eine Sammlung ins Deutsche übersetzter sumerischer und akkadischer
Dichtungen von A. Falkenstein und W. von Soden lautet "Sumerische und akkadische Hymnen und Gebete". In der Serie Texte aus der Umwelt des Alten
Testaments (hsg. von O. Kaiser) heißt Band II/5 (1989) von W. H. Ph. Römer
und K. Hecker "Lieder und Gebete I". "Hymnen" - oder "Lieder" - und
"Gebete" scheinen also in der sogenannten Keilschriftliteratur eng ver-
schwistert zu sein.

Läßt sich überhaupt ein Patentrezept für die Unterscheidung beider anbie-
ten? K. Ziegler hält in seinem Artikel "Hymnos" im Kleinen Pauly das
"Ansingen, Preisen, Hilfe erbeten" als durchaus mit dem Hymnus vereinbar.
Von Soden formulierte 1964 im Reallexikon der Assyriologie unter "Gebet"
(akkadisch): "Das Gewicht der einzelnen Hauptanliegen ist in den verschiedenen Gebetsgattungen ein sehr ungleiches; nicht in jedem Gebet kommt alles
zur Sprache. Ist der Lobpreis das Hauptanliegen, so sprechen wir von einem
Hymnus"(S. 165b) - und später in demselben Artikel konstatiert er im
"Kultgebet" ungleiche Verteilung von Lob und Bitte.

Überschneidungsfälle sind evident, und es rettet uns weder deutsche noch
griechisch-lateinische Terminologie. Wir müssen aber noch bei der Frage
verweilen. Ein äußeres, für uns aber nicht mehr nachprüfbares Unterschei-
dungskriterium war möglicherweise die Rezitationsgeschwindigkeit. Wir erwarten vom "Preislied", daß es wohltönend und exakt prononciert vorgetragen
wurde; das Gebet mag auch langsam-inbrünstig aufgesagt werden, doch hat es
immer eine Tendenz zum schnellen "Herunterbeten", und das zumal, wenn
etwa ein begleitendes Ritual anordnet, der Wortlaut sei "siebenmal" oder gar
"sieben mal siebenmal" aufzusagen.[5]

Ein vielleicht noch wichtigeres Kriterium ist das Vorhandensein oder Fehlen musikalischer Begleitung. Ein Gebet kann gesungen werden; aber instru-
mentale Begleitung würde uns merkwürdig erscheinen. Letztere ist aber durch
die Unterschriften unter zahlreichen sumerischen Dichtungen - vor allem,
wenn auch nicht ausschließlich "Preisliedern" - gut bezeugt.[6] "Hymnus" und
Musik - vieles was uns beim Lesen monoton ad nauseam erscheint, würde le-
bendig, wenn wir es uns musikalisch differenziert vorstellten.

Wir müssen noch auf einen interessanten lexikalischen Umstand hinweisen.
Das sumerische Wort á r übersetzen wir nach dem Kontext, vor allem aber
auf Grund seiner "Gleichung" mit akkadisch *tanittu*, als "Preis, Ruhm". Mit
"Preis" geben wir aber auch - nur nach dem Kontext - sumerisch z à - m í

---

5 Beispiele s.v. *sebīšu* "siebenmal" im Chicago Assyrian Dictionary S (1984), 204.
.6 Wilcke 1976, 251f "Unterschriften und Rubriken" und die Tabelle auf Seite 258
(b a l a ĝ "Leier" (?), Wilcke: "Harfe"; t i g i "Pauke").

(altsumerisch z à - m e geschrieben) wieder, das sehr oft in den sogenannten Doxologien sumerischer Literaturwerke vorkommt, in knappster Form in der Verbindung "Gottheit NN z à - m í " (altsumerisch auch "Heiligtum NN z à - m e "): "Gottheit NN (sehr häufig die Schreibergöttin Nisaba): Preis!", d.h. "Gottheit NN sei gepriesen!"[7]

Ohne Nennung einer Gottheit steht z à - m í auch als Unterschrift unter den beiden Tonzylindern mit dem Tempelbau-Hymnus des Gudea von Lagaš (Ende des III. Jahrtausends).[8] Hier könnten wir das Wort regelrecht durch "Preislied" wiedergeben. Merkwürdigerweise hat nun ein aus z à - m í ins Akkadische entlehntes Wort *sammû* nicht jene abstrakte Bedeutung, sondern es bezeichnet ein Musikinstrument, die "Harfe".[9]

Es stellt sich die Frage, was zuerst da war: der Instrumentenname, der - etwa wegen der Verwendung einer "arpa obligata" - auf das begleitete Lied überging, ähnlich wie die Lyra den *lyrikos* nach sich gezogen hat; oder doch das Abstraktum, das auf ein Instrument mit ganz besonderer Funktion übertragen worden wäre. Wir lassen die Frage offen, gestehen aber, daß wir - schon wegen der "Lyrik" - mehr der ersten Möglichkeit zuneigen. Die Etymologie des Wortes ist bisher nicht bekannt, und wäre sie es - würde es uns nützen?[10]

Wie dem auch sei, Mesopotamien war ein sehr musikliebendes Land. So sehr, daß die gelehrte lexikalische Liste l ú "Person", wo Menschenklassen, Berufe, Verwandtschaftsterminologie und alle möglichen sonstigen Personenbezeichnungen gesammelt sind, an einer Stelle auch einen 35-zeiligen Abschnitt einfügt über die Musik, über Musikinstrumente und musikalisch-literarische Abschnittsbezeichnungen.[11]

Wir lassen die Diskussion der Unterscheidung von "Gebet und "Hymnus" auf sich beruhen und wollen im folgenden von "Hymnen" als "(Preis-)Liedern" sprechen. Gepriesen oder angesungen - wird eine Gottheit; wir sprechen dann von Götterliedern. Gepriesen wird der - vergöttlichte - Herrscher:

---

7 Vgl. Wilcke 1976, 246-248.

8 Zyl. A XXX 15-16: é ^d N i n - g í r - s u - k a d ù - a , z à - m í m u - r u - b i - i m "Mitte des Preis(lied)es/Mittleres Preis(lied) (genannt) 'Das dem Ningirsu erbaute Haus' "; Zyl. B XXIV 16-17: é ^d N i n - g i r - s u - k a d ù - a , z à - m í e g i r - b i "(Hinterseite =) Abschluß des Preis(lied)es (genannt) 'Das dem Ningirsu erbaute Haus' ". Vgl. die jüngste Übersetzung von Th. Jacobsen 1987, 386-444.

9 Bei der Frage, ob "Leier" oder "Harfe", haben sich zuletzt O. Gurney und B. Lawergren für die "Harfe" entschieden: Gurney/Lawergren 1987, 43-46.

10 Kenntnis der Etymologie allein führt gerade bei Kleidungsstücken, Spiel und Sport, bei Musikterminologie u.a.m. meist zu keinem sicheren Ergebnis. Nur selten wird ja, wenn eine "marche funèbre" erklingt, auch eine Leiche unter die Erde gebracht.

11 Landsberger/Reiner/Civil 1969, 54f, Z. 587-620 (einspaltige sumerische Version, sog. Proto-Lú).

"Königslieder". Gepriesen wird eine Kultstätte oder eine ganze Kultstadt oder auch ein Gott oder eine Göttin unter dem besonderen Aspekt des Herrn oder der Herrin dieser Kultstätte; das wären - a potiori - die "Tempellieder". Es kann schließlich auch ein Kulturgut gepriesen werden wie die "Hacke", die den Ackerboden lockert oder den Lehm für das Ziegelstreichen bereitmachte, den der Bauherr symbolisch im Tragkorb auf dem Kopfe trug. Was gepriesen wird, können wir vereinfachend raffen: Götter, Herrscher, Tempel, Sachen. Nur auf Tiere gibt es im Zweistromland keine Hymnen, wenn ich nichts übersehen habe.

Mit solcher Vereinfachung hat es aber seine Schwierigkeit. Im "Tempellied" ist das Preisen des Ortes und der ihn bewohnenden Gottheit oft so eng miteinander verknüpft, daß wir Örtlichkeit und Gottheit zusammen sehen müssen. Die zahllosen Hymnen auf den Herrscher sind zunächst keine laudes regiae, sondern es wird der "vergöttlichte" König (man schreibt seinen Namen wie den eines Gottes mit dem sogenannten Gottesdeterminativ) als der irdische Vertreter der Stadtgottheit und oft als der Dumuzi (Tammuz) verkörpernde Gemahl der Göttin Inanna dargestellt.[12] Das "Königslied" ist in seiner Bezeugung beschränkt auf die Zeit der III. Dynastie von Ur und die folgende altbabylonische Zeit.[13] Es ist in seiner Thematik und Stilistik dem "Götterlied" sehr nahe, und eine Trennung läßt sich eher rein praktisch denn literarkritisch begründen.

Da wir uns beschränken müssen, seien hiernach nur noch "Götterlieder" angesprochen. Die Zahl der zu verschiedenen Zeiten in Mesopotamien verehrten Gottheiten geht in die Hunderte, wobei wir freilich verschiedene Erscheinungsformen einer Gottheit gesondert zählen. Verglichen mit dieser Zahl machen die Gottheiten, von denen wir Hymnen kennen, nur einen kleinen Bruchteil aus. Wilcke (1976) hat für die sumerischen "Götterlieder" knapp über 30 Adressaten gezählt. Noch viel geringer ist auf den ersten Blick die Zahl der Götter, an welche selbständige akkadische Hymnen gerichtet sind. Aber der Kreis erweitert sich sofort, wenn wir die "preisenden" Einleitungen der akkadischen Gebete hinzunehmen, und zwar in den nicht ganz glücklich so genannten "Gebetsbeschwörungen" (die sumerische Bezeichnung für sie lautet š u - í l - l a , wörtlich: "erhobene Hand"). W. Mayer konnte 1976 nicht weniger als 40 Gottheiten aufführen.[14]

Wir dürfen solche Zahlen in einer etwas willkürlichen, vom Überlieferungszufall ausgehenden Hochrechnung vielleicht noch um 20 oder 30 Prozent erhöhen. Ganz beträchtlichen Zuwachs erhalten wir darüber hinaus, wenn wir noch einbeziehen, was man als den "Götterhymnus" en miniature bezeichnen

---

12 Vgl.: Renger/Cooper 1972/75.

13 Die zeitliche Einengung der Gattung hängt damit zusammen, daß die Idee vom vergöttlichten König die altbabylonische Zeit nicht überlebt hat.

14 Mayer 1976, Katalog 375ff.

könnte: den theophoren (d.h. den Namen einer Gottheit enthaltenden) Personennamen, also Namen vom Typ "Ištar-ist-gut" (Ištar-damiq oder Ištar-damqat,
je nachdem, ob der Name einem Mann oder einer Frau gehörte[15]) oder "der-
Mondgott-hat-mir-einen-Bruder-wiedergegeben" (Sin-aḫa-erība, uns besser
bekannt in der hebraisierten Form Sanherib oder Senacherib).[16] Was für das
Akkadische gilt, trifft genauso auch auf das Sumerische zu. Es gibt kaum ein
besseres Barometer für die religiöse Stimmung in einer Stadt als die Verteilung der Götternamen in den theophoren Personennamen, die uns in den Ar-
chiven einer bestimmten Generation begegnen. Nur ein Beispiel: In der altbabylonischen Stadt Dilbat - und nur hier - ist der Stadtgott Lāgamāl im Ono-
mastikon reichlich bezeugt.[17] Daß wir keinen Hymnus auf ihn kennen, ist vielleicht nur dem Fundzufall zuzuschreiben.

Gab es überhaupt eine Gottheit, auf die sich kein Preislied vorstellen läßt?
Man würde an Ereškigala denken, die unheilvolle Göttin des Totenreiches, die
noch in griechischen Zauberpapyri fortlebt.[18] Und doch lautet ganz unerwarte-
terweise die Doxologie zum sumerischen Mythos von "Inannas Gang zur Un-
terwelt" k ù ^{d}E r e š - k i - g a l - l a - k e ${}_4$, z à - m í - z u   d u ${}_{10}$- g a -
à m , "Schöne Ereškigala, es tut wohl, dich zu preisen!".[19] Allerdings behalten
wir uns vor, daß der Mythos von Inannas mißlungenem Versuch, ihrer
Schwester die Totenwelt abspenstig zu machen, kein Preislied auf Ereškigala
ist.

Gelegenheit für den Vortrag - oder wenn wir wollen: für die Aufführung -
eines selbständigen Götterhymnus war das Fest. Der Hymnus hatte seinen im
Ritual genau festgelegten Platz. Dies erschließen wir wenigstens aus den we-
nigen Ritualbeschreibungen, die uns überliefert sind, zum Beispiel dem altbabylonischen Ištar-Ritual aus Mari.[20] Der Text eines "Götterliedes" wie überhaupt eines jeden Literaturwerkes wird in "Literarischen Katalogen" mit den
Eingangsworten zitiert[21], ganz wie etwa bei unserem "Requiem" die einzelnen
Abschnitte durch das incipit bezeichnet sind. Das bedeutet, daß es zu einer ge-
gebenen Zeit ein festes Repertoire gegeben hat; daß also wohl nicht von einem
Anlaß zum nächsten neu komponiert wurde - wie die antiken Tragödien oder
Bachs Kantaten.

---

15 Vgl. Edzard 1962.

16 Unter den zahlreichen Arbeiten zur Namenbildung der Sumerer und Akkader seien
zwei hervorgehoben: Limet 1968, repräsentativ, auch wenn auf die Zeit der III.
Dynastie von Ur beschränkt. Stamm 1939, nach wie vor am vielseitigsten.

17 Gautier 1908.

18 Roscher; Burkert 1984; O. Betz 1980, freundlicher Hinweis von Chr. Schäublin.

19 Vgl. Jacobsen 1987, 205-232 und besonders: 232.

20 Dossin 1938.

21 Krecher 1976/80.

Teilnehmer waren die gesamte oder eine beschränkte Öffentlichkeit.[22] Anders als bei Gebeten oder Beschwörungen deutet beim Preislied nichts auf die Verwendung in privater Sphäre. Verfasser waren dafür begabte Schriftgelehrte, für das Sumerische die Angehörigen des é - d u b - b a - a , der "Schule".[23] Ich muß die Frage der mündlichen Überlieferung hier ganz beiseite lassen. Mesopotamien war allzu aufdringlich eine Schriftkultur.[24] Es ist jedoch mit unserer Kenntnis individueller Autorenschaft sehr schlecht bestellt. Nur ausnahmsweise ist ein Werk der Keilschriftliteratur mit einem Namen verbunden. Man könnte en passant nennen die Sargonstochter En-ḫeduanna als Verfasserin des sumerischen Inanna-Hymnus N i n - m e - š a r - r a "Herrin, die alles (besitzt), was die Welt lenkt".[25]

Während es, soweit wir sehen, keine speziellen Ausdrücke für einen "Sprecher" oder "Vortragenden" gibt, ist die Terminologie für die "Sänger" und "Musikanten" gut entwickelt. Am häufigsten sind sumerisch genannt n a r "Musikant" und g a l a "Kultsänger" (nur approximative Übersetzung). Beide erscheinen als Lehnwörter im Akkadischen: nāru (assyrisch nuāru nach dem nominalen Muster von ṣuḫāru oder rubā'u, "Kleiner", "Großer") und kalû (altakkadisch kala'um).[26]

Das echt akkadische Wort zammeru "Sänger" kommt viel seltener vor. Dies nur ein kleiner Ausschnitt. Die schon oben zitierte lexikalische Liste Lú = ša (s. S. 21) führt u.a. einen "Groß-Sänger" und einen "Sänger, der vor dem König ist" auf.[27] Übrigens steht die Gruppe "Sänger und Musikanten" dort

---

22 Hierüber läßt sich nur mutmaßen. Das vor den Toren der Stadt Uruk gelegene Neujahrsfesthaus maß als Gesamtkomplex etwa 140 Meter im Quadrat und hatte einen Haupthof von 91 x 86,5 m. Hier muß eine beträchtliche Menschenmenge Platz gefunden haben. Vgl. Lenzen 1956. Über Festteilnehmerzahlen vgl. auch Heimpel 1990.

23 Wörtlich "Haus, (das) die Tafel(n) . . ."; nicht, wie es meist übersetzt wird, "Tafelhaus"; denn der Ausdruck ist keine Genitivverbindung.

24 Vgl. Wilcke 1976, 242; Anm. 55: sehr distanziert von "Oral Literature". Jacobsen 1982 konzediert (S.135), daß "oral composition was still alive and practiced by ordinary people, although perhaps not by professionals, as late as the Third Dynasty of Ur when writing and written literature had been well established for centuries".

25 Edition von Hallo/van Dijk 1968; vgl. dazu den Rezensionsartikel von C. Wilcke 1970.

26 Vgl. jüngst Al-Rawi 1992, bes. S. 183.

27 Landsberger 1969, 56, Z. 641.662.

unmittelbar vor den Schlangenbeschwörern - die haben ja Flöten. Von einem Chor wissen wir nichts sicheres, halten ihn aber für recht wahrscheinlich.[28]

Die materia laudandi ist, was die "Götterlieder" betrifft, eng verbunden mit der Eigenart der gepriesenen Gottheit. So werden an Inanna/Ištar ihre Züge als Kriegsgöttin, ihr astrales Leuchten als der Venusstern und ihre Lust an allen Formen des sexuellen Lebens hervorgehoben. Es nimmt nicht Wunder, daß man dem Wettergott Iškur/Adad nachsagt, sein bis in die hintersten Winkel des Himmels dröhnendes Donnern ängstige selbst die großen Götter. Daß der Sonnengott, Herr des Rechts und des Gerichtes, die Schwachen schützt und die Übeltäter verfolgt, bedarf kaum besonderer Erwähnung. Enlil, Haupt des sumerischen Pantheons, garantiert die Regelmäßigkeit des Jahreslaufs mit dem Wachsen und Reifen der Vegetation, der Fruchtbarkeit des gezüchteten Viehs wie auch der Steppentiere und der Fische. Kosmoslenkende Macht wird auch an Marduk gepriesen.

Aber zahlreiche Epitheta, die sich auf Macht, Können, Autorität, Ehrfurcht einflößenden Schrecken beziehen, sind leicht von einer Gottheit auf eine andere übertragbar. So ist es durchaus nicht immer möglich, ein Hymnenfragment sogleich einer bestimmten Gottheit zuzuordnen. W. von Soden hat eine gegen Ende des II. Jahrtausends v.Chr. einsetzende Tendenz festgestellt, wonach die Ehefrauen der großen Götter als mütterlich-wohlwollende hilfreiche Gestalten angesehen wurden, die sich kaum noch voneinander differenzieren lassen.[29]

Daß die Hauptgottheit einer Stadt in einem ihr gewidmeten Lied überhöht wurde, selbst wenn sie gar nicht zu den großen Göttern zählte, liegt nahe. Man pries, weil man schmeicheln wollte. Der Preis war nicht zweckfrei und sollte wohl nie bloße, reine Freude an der Gottheit kundtun.[30]

Eine bedeutende Rolle als Schützer des Landes und als zuverlässiger Helfer gegen Feinde und Rebellen wurde allen solchen Göttern zugestanden, die über brutale Kraft verfügten, wie Enlil, dem Wettergott, Enlils Sohn Ninurta/Ningirsu und anderen. Nicht dagegen dem weisen Enki/Ea. Seine Waffen waren Witz, Geist und List. Lieder, die sich auf ihn beziehen, atmen prinzipiell Frieden.

28 In einem Aufsatz hat M. V. Tonietti 1988 die Nachrichten über Sänger/Musikanten in Ebla und Mari im 24.Jahrhundert v.Chr. zusammengestellt. Besonders eindrucksvoll sind Listen mit zwischen 18 und 28 nar, z.T. als n a r - m a ḫ und n a r - t u r "ober(st)er/kleiner (junger) Sänger (Musikant)" differenziert. Man wird hier eher an Ensembles denken als an Zusammenstellungen von Solisten. Vgl. besonders S. 113 sowie Tonietti 1989.

29 Vgl. u.a. Theologische Realenzyklopädie V (1980), 82.

30 Wie sehr der Gottheit Freude über die Hinwendung des Menschen unterstellt wurde, zeigt der sumerische Personenname N i n - ù - k u l - e - k i - á g "Die Herrin liebt das Bittflehen"; vgl. Limet 1968, 520; (dort - ù - n u m u n - gelesen).

Rein formal kann das Preisen nur aus einer Reihung von Epitheta bestehen; oder es sind längere Folgen qualifizierender Sätze bis zur regelrechten Erzählung. Hinweise auf mythisches Geschehen finden sich in verschiedener Gestalt. Schon ein einzelnes Epithet kann eine ganz Göttererzählung evozieren; so bei Inanna/Ištar das Beiwort m e - u r $_4$ - u r $_4$ // ḫāmimat gimir parṣī "die sich alle weltlenkenden Kräfte (m e , parṣu) zu einem Bündel zusammengeschnürt hat". Oder es werden die Schlachttrophäen vergangener Zeiten wieder heraufbeschworen und magisch verwendet. Im ersten Fall, bei Inanna, ist angespielt auf eine Heldentat der Göttin, die Entführung der weltlenkenden Kräfte von Eridu (wo Enki wohnt) nach Uruk (der Heimatstadt Inannas).[31] Das zweite Beispiel bezieht sich auf den Ninurta-Hymnus A n - g i m   d í m - m a "Wie der Himmel(sgott) gestaltet", wo - für uns nur noch undeutlich - auf Kämpfe der Vorzeit angespielt wird. Übrigens kommen die sieben Trophäen auch schon im Tempelbau-Hymnus des Gudea von Lagaš vor, dort im Zusammenhang mit Ningirsu, der nur eine andere Erscheinungsform des Ninurta ist.[32]

Der Götterhymnus nähert sich dem Gebet dort, wo eine Bitte für den regierenden Herrscher integriert ist. Doch bleibt das Preislied als übergeordnete Gattung erhalten.

Zur Sprache der Hymnen: Sie haben keine ihnen spezifische Ausdrucksweise und sie sind, wie noch zu zeigen, nicht einmal auf eine der drei Personen festgelegt. Es handelt sich um die allgemeine sumerische oder akkadische Literatursprache, deren Stil von der gehobenen Umgangssprache bis zu hochkünstlerischer Ausdrucksweise reicht. Wo sollen wir beginnen? Mit dem Vokabular: Es gibt nur der Hochsprache eigene Wörter, poetisch gebrauchte Beinamen der Götter, Herrschertermini.[33] Es werden bedeutungsähnliche Wörter zusammengefaßt, um nur *eine* Idee auszudrücken: nuḫšu u ṭuḫdu "Fruchtbarkeit und überreichliche Fülle", d.h. "Hülle und Fülle". Es kommt vor, daß ein Wort nur gebraucht wird, weil der Wortschöpfer eine Wiederholung vermeiden will, so daß dieses Wort in seiner ursprünglichen Bedeutung außer Kraft gesetzt ist.

Wir haben eine hochsprachliche Satzform: Die Wortstellung erlaubt sich Freiheiten, die in der Umgangssprache oder im Kanzleistil nicht gestattet wären. Es wird gereiht, parallelisiert, und bei der Reihung ist man peinlich darauf bedacht, daß der silbisch kürzere Ausdruck dem längeren vorangeht.[34]

---

31 Vgl. Farber-Flügge 1973.

32 Vgl. Cooper 1978. Zu Gudea vgl. Jacobsen 420f. (Zyl. B XXV 24-XXVI 16).

33 Die literarische Hochsprache der altbabylonischen Zeit hat W. von Soden unter dem Ausdruck "Hymnisch-epischer Dialekt" behandelt: von Soden 1931, 1933. Die zahlreichen Anschlußstudien zum Thema werden hier nicht aufgeführt.

34 Fürs Sumerische vgl. Wilcke 1976, 212-219; fürs Akkadische u.a.: Hecker 1974.

Wir haben eine hochsprachliche Klangform: das Zusammenspiel der Vokale und Konsonanten ist ebenso bewußt gestaltet wie ausdrückliche Disharmonie. Der Reim, ob End- oder Binnenreim, ist bekannt, wenn er auch niemals systematisch als Stilmittel eingesetzt wird. Es klingt deutlich ein Rhythmus an, und es gibt - zumal im Sumerischen - Silbenzählmuster.[35] Das ist aber alles vor-metrisch. Alle Versuche, dem Sumerischen oder Akkadischen ein veritables Metrum zu unterlegen, gehen nur, wenn dem Urtext Zwang angetan wird.[36]

Es wird oft deutlich nach Strophen gegliedert; aber auch eine solche Einteilung ist nur selten zum leitenden Prinzip erhoben.

Nicht erstrangig ist offenbar die Person, die man verwendet. Gottheit und Herrscher können in der 2. Person angesprochen werden; es kann aber ebenso gut auch in der 3. Person von ihnen die Rede sein. Aber selbst die 1. Person ist möglich: es wird dem zu Preisenden dann der Wortlaut in den Mund gelegt, wie etwa der Selbstpreis Šulgis von Ur oder der Inanna.[37]

Wie steht es mit der Orginalität? Wir können durch Zufall an einen guten oder schlechten Schreiber geraten. Wenn wir mehrere Paralleltexte Zeile für Zeile untereinander notieren (in der Form einer Musikpartitur), so sehen wir bald, daß Text "B" weniger gut ist als Text "A". "B" mag sogar entsetzliche Schnitzer und horrende Mißverständnisse enthalten. Aber hätten wir Text "B" nur als einzigen Zeugen, wie sicher ist unser Urteil dann? Ich will mich mit der "Orginalität" allerdings weniger auf die Qualität beziehen als auf die produktive Änderung oder gar das völlig Neue, etwas bisher nicht Dagewesenes. Ist das womöglich eine anachronistische Vorstellung? Ich glaube nicht. Wenn die Herrscher in ihren Inschriften toposartig vorbringen, sie hätten etwas erreicht, getan, erbaut, was ihre königlichen Vorgänger noch *nicht* erreicht, getan, erbaut hatten[38], dann kann man schwer die Vorstellung verbannen, daß auch die Schreiber unter sich gesagt hätten: Das hat es noch nie gegeben; das hat noch niemand so formuliert; diesen Klang hat noch nie einer zustandegebracht. Den Formenschatz einer Literatur in Ehren - es wäre aber naiv anzunehmen, daß niemand etwas Neues bemerkt und sich dessen nicht gerühmt haben sollte. Wie können wir dem beikommen? Nur mit lexikochronologischer Feinarbeit im Sinne des Grimmschen Wörterbuchs. Wir müssen zu solchem

---

35 Wilcke 1976, 219-231.

36 Von Soden 1981, 1984 hat versucht, längere Textabschnitte durchzuakzentuieren und Zeile für Zeile das von ihm angenommene Zählmuster beizufügen. Zurückhaltend: Edzard 1992.

37 Vgl. Wilcke 1976, 250.

38 Als ein Beispiel die altbabylonische Gründungsinschrift des Jaḫdun-Lim von Mari (s. Dossin 1955), wo es in i 34 - ii 9 heißt: "Während seit der Zeit, da der Gott die Stadt Mari erbaute, kein König, der in Mari residierte, das Meer erreicht hat . . . , bin ich, Jaḫdun-Lim, . . . bis zur Küste des Meeres gezogen".

28

Zweck Werke der Keilschriftliteratur möglichst auf die Generation genau datieren und anhand solcher Ergebnisse Spezialwörterbücher anlegen. Eine Aufgabe für das kommende Jahrhundert und derzeit noch fast hoffnungslos, wo die Assyriologie noch nicht einmal über eine Paläographie im strengen Sinne des Wortes verfügt.[39]

Jedes Werk der Keilschriftliteratur ist - für sich genommen - ein mehr oder weniger bedeutendes sprachliches Kunstwerk. Das trifft ebenso auf die sumerischen und akkadischen "Götterlieder" zu . Wirken diese Werke aber auch auf uns, die des Sumerischen und Akkadischen Unkundigen, als Kunstwerke? Beim Lesen unserer Übersetzungen muß man immer wieder erschreckt feststellen: Nein, sie wirken nur ganz selten so! Das liegt gewiß *nicht* an einer etwaigen Unfähigkeit unserer deutschen Zielsprache, sumerische oder akkadische Wortkunst adäquat wiederzugeben. Wer Unübersetzbarkeit vorschützt, ist nur zu bequem.

Ich fürchte, der große Assyriologe Peter Jensen hat 1900, als er seine "Assyrisch-babylonischen Mythen und Epen" veröffentlichte, in dem seine Übersetzungsmethode rechtfertigenden Vorwort viel zukunftsgerichtetes Unheil gestiftet, als er schrieb: "Was meine Übersetzungen betrifft, so ist es mein ganzes Bestreben gewesen, möglichst und wenn es sein mußte, bis zur Geschmacklosigkeit, wörtlich zu übersetzen".[40] Was dem Pionier der letzten Jahrhundertwende recht sein wollte, darf *uns* nicht mehr billig sein! Schöne Sprache *muß* in schöne Sprache übertragen werden.

Gewiß: Unkenntnis des Vokabulars und der Phraseologie, Raten nach dem Kontext, sind uns beim Sumerischen noch immer leidvoll vertraut. Bei den oft lückenhaften Zeilen eines Textes stellt sich die vorgenommene Ergänzung, wenn die Lücke einmal durch einen Paralleltext gefüllt werden konnte, fast immer als falsch heraus, und so ist die wörtliche Wiedergabe des Erhaltenen meist eine unvermeidliche Notlösung. Indessen *gibt* es genügend gut erhaltene Textpartien, die für die Übertragung in "schöne" deutsche Sprache hinreichend gut aufbereitet sind. Was uns fehlt, ist ein des Sumerischen und Akkadischen mächtiger Friedrich Rückert.

---

39 Vielversprechend ist dagegen sicher eine noch schärfere Beobachtung von Vokabular und Stil in den sumerischen und akkadischen Königsinschriften, deren Abfassung ja stets auf die Generation datierbar ist. Hier springen Neuerungen am ehesten ins Auge. Für die frühmesopatamische Königstitulatur - aber nur für diese - hat W. W. Hallo eine vergleichbare Untersuchung schon 1957 durchgeführt. Vgl. sonst z.B. Renger 1980/83, besonders 76b.

40 Dort Einleitung S. XIX. Dabei darf aber nicht vergessen werden, daß wir Jensen für das Gilgameš-Epithet ḫadi-u'a-amēlu die großartige Übersetzung "Weh-Froh-Mensch" verdanken.

Wir haben bisher mit übersetzten Textbeispielen gegeizt. Erlauben Sie zum Abschluß, nur zehn Zeilen vorzutragen, und zwar vom Anfang des hymnischen Teils eines an Ištar gerichteten š u - í l - l a (vgl. oben S. 22)[41]:

> usalliki bēlet bēlēti ilat ilāti
> Ištar šarrāti kullat dadmê muštēširat tenīšēti
> 3. Irnini muttallāti rabât Igigi
> gašrāti malkāti šumuki ṣīru
> attima nannarat šamê u erṣeti mārat Sin qaritti
> 6. muttabbilat kakkī šākinat tuqunti
> ḫāmimat gimir parṣī āpirat agê bēlūti
> Bēltu, šūpû narbûki eli kala ilī ṣīru
> 9. kakkab tānūqāti mustamḫiṣat aḫḫī mitgurūti
> muttaddinat itbarū<ti>.

"Ich bete zu dir, höchste Herrin, größte Göttin
Ištar, Königin bist du aller Völker, Ordnerin der Lebenden,
3. Irnini, hehr bist du, die Oberste unter den Igigi,
Mächtig bist du, Fürstin bist du, erhaben ist dein Name.
Du, nur du bist die Leuchte von Himmel und Erde, Heldenkind des Mondes.
6. Trägst die Waffen hierhin und dorthin, Kampfesschürerin,
Hast die Weltordnungen umfaßt, Kronenträgerin,
Herrin, deine Taten strahlen am hellsten, sind höher als die aller Götter.
9. Stern des Krieges, du säst Zwietracht unter vertrauten Brüdern,
Und du hältst die Freunde zum Kaufe feil."[42]

Bibliographie:
RlA   Reallexikon für Assyrologie und Vorderasiatische Archäologie
ZA   Zeitschrift für Assyriologie und Vorderasiatische Archäologie

Betz Otto 1980, Fragments from a Catabatis Ritual in a Greek Magical Papyrus, Hist. of Religions 19, 287-295.

41 King 1902, pl. 75ff und Duplikate. Ausführlich bearbeitet zuletzt in der Münchner Magisterarbeit Ganter 1992.

42 Das lexikalische Gtn-Prinzip *muttaddinu* "Verkäufer" ist sonst nur in der lexikalischen Serie Nabnītu bezeugt. Die bisherige Übersetzung der Zeile "der [sc. der Stern] (aber auch) immer wieder einen Freund schenkt" (von Soden 1953, 328) u.ä. sind dem Zusammenhang nach wenig überzeugend. - Die Ergänzung von <-ti> empfiehlt sich vor allem wegen des dann bestehenden Endreimes mit Zeile 9.

Burkert Walter 1984, Die orientalisierende Epoche in der griechischen Religion und Literatur (= SB Heidelberger Akad. d. Wiss. Phil.-hist. Kl. 1984/1).

Cooper J. S. 1978, The Return of Ninurta to Nippur (= Analecta Orientalia 52, Roma).

Dossin Georges 1938, Un rituel du culte d'Istar provenant de Mari, Revue d' Assyriologie 35, 1-13.

Ders. 1955, L'inscription de fondation de Iaḫdun-Lim, roi de Mari, Syria 32, 1-28.

Drexler W. 1897, Art.: "Kure Persephone Ereschigal", in: Roscher Wilhelm Heinrich, Lexikon der griechischen und römischen Mythologie II/1 (Nachdruck Hildesheim 1978), 1584-1587.

Edzard Dietz Otto/Röllig Wolfgang 1976/ 80, Art.: Keilschrift, RlA V, 544-568.

Edzard Dietz Otto 1962, ᵐNingal-gāmil, ᶠIštar-damqat. Die Genuskongruenz im akkadischen theophoren Personennamen, ZA 55, 113-130.

Ders./Wilhelm Gernot 1992, Art.: Metrik, RlA VIII/1-2, 148-150.

Faber-Flügge G. 1973, Der Mythos "Inanna und Enki" unter besonderer Berücksichtigung der Liste der me (= Studia Pohl 10, Roma).

Ganter A. 1992, Handerhebungsgebete an Ištar. Studien zur literarischen Form.

Gautier Joseph-Etienne 1908, Archives d' une famille de Dilbat, Le Caire.

Gurney Oliver/Lawergren B. 1987, Sound Holes and Geometrical Figures. Clues to the Terminology of Ancient Mesopotamian Harps, Iraq 49, 37-52.

Hallo William W. 1957, Early Mesopotamian Royal Titles = American Oriental Series 43, New Haven.

Hallo William W. /van Dijk Johannes Jacobus Adrianus 1968, The Exaltation of Inanna, New Haven/ London.

Hecker Karl 1974, Untersuchungen zur akkadischen Epik, Neukirchen-Vluyn.

Heimpel Wolfgang 1990, Ein zweiter Schritt zur Rolle des Tigris in Sumer, ZA 80, 204-213.

Hirsch H. E. 1974, Akkadische Kultlieder, in: Kindler Literatur-Lexikon, Bd.3, 872f.

Jacobsen Thorkild 1982, Oral to Wirtten, in: Societies and Languages of the Ancient Near East. Studies in Honour of I. M. Diakonoff, Warminster, 129-137.

Ders. 1987, The Harps That Once..., New Haven/London.

King Leonard William 1902, The Seven Tablets of Creation, London.

Krecher Joachim 1976/80, Art. "Kataloge, literarische", in: RlA V, 478-485.

Ders. 1978, in: Neues Handbuch der Literaturwissenschaft, 115f.

Landsberger Benno/Reiner Erica/Civil Miguel 1969, Materials for the Sumerian Dictionary XII, Roma.

Lenzen Heinrich Jacob 1956, Vorläufiger Bericht ... Ausgrabungen Uruk-Warka XII/ XIII, Berlin, 35-42.

Limet Henri 1968, L' anthroponymie sumérienne, Paris.

Mayer Werner 1976, Untersuchungen zur Formensprache der babylonischen Gebetsbeschwörung (= Studia Pohl, Series Maior 5, Roma).

Al-Rawi Farouk N.H. 1992, Two Old akkadian Letters Concerning the Offices of Kala'um and nārum, ZA 82, 180-185.

Renger Johannes 1980/83, Art.: Königsinschriften, B. Akkadisch, in: RlA VI, 65-77.

Renger Johannes/Cooper Jerrold S. 1972/ 75, Art. "Heilige Hochzeit", RlA IV, 251-269.

Stamm Johann Jacob 1939, Die akkadische Namengebung, Leipzig.

Tonietti M. V. 1988, La figura del nar, in: Miscellanea Eblaitica I (= Quaderni di Semitistica 15, Firenze) 79-119.

Dies. 1989, in: Misc. Ebl. II (= Quad. di Sem. 16), 117-129.

Soden Wolfram von 1931, Der hymnisch-epische Dialekt des Akkadischen I, ZA 40, 163-227.

Ders. 1933, Der hymnisch-epische Dialekt des Akkadischen II, ZA 41, 90-183.

Ders. (Hg.)1953, Sumerische und akkadische Hymnen und Gebete.

Ders. 1972/75, Hymne. B. Nach akkadischen Quellen, RlA IV, 544-548.

Ders. 1981, Untersuchungen zur babylonischen Metrik I, in: ZA 71, 161-204.

Ders. 1984, Untersuchungen zur babylonischen Metrik II, in: ZA 74, 213-234.

Wilcke C. 1970, Nin-me-šár-ra - Probleme der Interpretation, Wiener Zeitschrift für die Kunde des Morgenlandes 68, 79-92.

Ders. 1972/75, Hymne. A. Nach sumerischen Quellen, in: RlA IV, 539-544.

Ders. 1974, Sumerische Königshymnen, Sumerische Kultlieder, in: Kindler Literatur-Lexikon, Bd.21, 9100ff.

Ders. 1976, Formale Gesichtspunkte in der sumerischen Literatur, in: Sumerological Studies in Honor of Thorkild Jacobsen (= Assyrological Studies 20, Chicago 1976) 205-316.

Jan Assmann

VERKÜNDEN UND VERKLÄREN - GRUNDFORMEN HYMNISCHER REDE IM ALTEN ÄGYPTEN

1. Die Eulogie: der Nominalstil des Gotteslobs.

1.1 Sinuhe: das Lob des Königs wird den Fremdländern verkündet.

Als Sinuhe, der beim Tod Amenemhets I. aus Ägypten geflohene Asylant, dem Syrerhäuptling Amunenschi auf dessen Frage nach den Verhältnissen in Ägypten Rede und Antwort zu stehen hat, stimmt er einen Hymnus auf den neuen König an:

> Ein Gott aber ist er, der nicht seinesgleichen hat,
> kein anderer ist entstanden, der ihn überträfe.
> Ein Herr der Erkenntnis ist er, vortrefflich an Plänen, wirkungsvoll im
>   Befehlen.
> Man zieht aus und kehrt heim auf sein Geheiß.
> Er ist es, der die Bergländer unterwarf, während sein Vater in seinem
>   Palast war;
> er meldete ihm die Vollstreckung seiner Befehle.
> Ein Held ist er, der mit seinem Schwert handelt,
> ein Kämpfer, dem niemand gleichkommt . . .[1]
> usw.

---

[1] Assmann 1975, Nr. 227. Die neueste Textedition gibt Koch 1990, 80f.

34

In über 40 Versen entwickelt der Text das klassische Bild des siegreich-kämpferischen und huldreich-gnädigen Herrschers. Dafür bedient er sich der von Grapow sogenannten "Hymnenform in *pw*-Sätzen".[2] Das Demonstrativ-pronomen *pw* "jener" verweist auf das Thema des Hymnus, den König, und bildet zusammen mit allen möglichen Nomina und Partizipien laudativen In-halts Nominalsätze: Er ist ein Gott, ein Herr der Erkenntnis, ein Held, einer der das Horn löst, das Gesicht wäscht, die Schritte ausspannt, das Herz auf-stellt, einer mit dickem Herzen, der das Gesicht stößt, der sich über den Kampf freut, ein Herr der Huld, ein Vermehrer der mit ihm Geborenen, ein Gottgege-bener, ein die Grenzen Erweiternder - geradezu litaneiartig wird dieses *pw* "ist jener" wiederholt und bildet das formale Gerüst des Textes, der sich dadurch im Ganzen der Erzählung als selbständige Einheit zu erkennen gibt.

Der Autor der Sinuhe-Erzählung findet diese Form vor, bedient sich ih-rer, um einen Hymnus auf Sesostris I. zu dichten, und bettet diesen Hymnus in eine Situation ein, die ihn, sein Thema und seine Form vollständig motiviert. Er rekonstruiert die Frage, auf die diese Form die Antwort darstellt. Wenn wir die Form verstehen wollen, müssen wir uns diese Situation vergegenwärtigen. Hier wird jemand informiert, der erstens in Unkenntnis über das ihm Mitge-teilte, zweitens aber davon betroffen ist. Es geht ihn an, ist für ihn wichtig, was für ein Herrscher jetzt auf dem Thron Ägyptens sitzt.[3] Jedenfalls geht Si-nuhe, der Sprecher des Hymnus, davon aus. Ihm liegt offensichtlich daran, die Kenntnis des neuen Königs dem syrischen Häuptling zu vermitteln.

Zwei Voraussetzungen dieser Situation scheinen mir typisch: die Voraus-setzung der *Ferne* und die der *Relevanz*. Amunenschi steht den geschilderten Verhältnissen fern. Er lebt außerhalb Ägyptens und kennt den König nicht. Si-nuhe trägt dieses Wissen nach außen, er "verbreitet" es, im eigentlichen Sinne von "Propaganda". Das Wort kommt bekanntlich aus der Missionstheologie und bezieht sich auf die Verbreitung des Glaubens, durch Verkündigung des Evangeliums an die Heiden. Mit einer vergleichbaren Verkündigung haben wir es auch hier zu tun. Amunenschi ist von Ägypten aus gesehen ein Heide, der für die Sache Pharaos gewonnen werden soll. Der Hymnus schließt ja auch mit den guten Ratschlägen: *schicke zu ihm, gib, daß er deinen Namen kennt. Er wird nicht aufhören, Gutes zu tun einem Fremdland, das "auf seinem Wasser ist".* Sinuhe treibt Propaganda, indem er eine Kunde in die Ferne trägt. Die Szene spielt, wie gesagt, weit außerhalb Ägyptens.

Die andere Voraussetzung - die der Relevanz - ergibt sich aus dem Inhalt des Mitgeteilten. Hier geht es um die überragende Macht des ägyptischen Kö-nigs, der sich auch die umwohnenden Fremdvölker nicht entziehen können. Es

---

2 Grapow 1954, 21ff.

3 Der *pw*-Satz antwortet auf die Frage "Was für einer ist er?", seine Struktur ist: Prädikat *pw* Subjekt.

ist für sie daher von allerhöchstem politischen Interesse, diese Macht zu kennen und sich mit ihr zu arrangieren.

1.2 Königshymnen des MR. Zentralherrschaft und Propaganda.

Die Hymnenform in *pw*-Sätzen begegnet nun noch in zwei anderen Königshymnen aus dem MR: man kann also feststellen, daß sie für die politische Konstellation durchaus typisch ist. Der eine Text bildet den Anfang der "Loyalistischen Lehre", bettet ihn also ein in die Situation der väterlichen Unterweisung.[4] Die Kenntnis der pharaonischen Macht bildet hier also einen Gegenstand jenes notwendigen Wissens, das in der höheren Beamtenerziehung vermittelt wird. Hier geht es um Vermittlung dieses Wissens, nicht an die Fremdvölker, sondern an die nachfolgenden Generationen. Daher erscheint der Text nicht nur auf Papyrus - also im Medium der literarischen Kommunikation, die im Ägypten zumal des MR (aber auch noch später) eine Sache der Erziehung, Bildung (*musar, paideia*) und Unterweisung zum Staatsdienst ist - sondern auch im Medium der Grabstele, des "monumentalen Diskurses", den ein Grabherr mit der Nachwelt eingeht. Dieser Punkt erscheint mir sehr wichtig, denn er beleuchtet eine ägyptische Besonderheit. In keiner anderen Kultur spielt der Dialog mit der Nachwelt eine so zentrale Rolle.[5] So wie Sinuhe zum Nomaden, so spricht Sehetepibra zu den Nachgeborenen. Dazu bedient er sich des Monuments, der Stele; das ist die in Ägypten seit vielen Jahrhunderten eingespielte Form.

Der andere Text begegnet auf einem Papyrus aus der Stadt Kahun; es handelt sich um das dritte Lied eines Hymnenzyklus auf Sesostris III. Es handelt sich um ein anaphorisches Strophenlied, bei dem jede Strophe mit der Zeile beginnt *"Wie groß ist der Herr für seine Stadt!"* und daran einen *pw*-Satz anknüpft: Einer ist er und zugleich Millionen, ein Kanal ist er, ein kühler Raum, eine Festung, eine Zuflucht, eine Schutzwehr, ein kühler Schatten, ein warmer Winkel, ein Berg, eine "Sachmet".[6] Diese Lieder könnten für eine "entrée royale", einen Besuch des Königs in seiner Stadt Kahun, gedichtet und daher wirklich an ihn gerichtet worden sein. Dann haben sie natürlich keinen verkündenden Sinn. Dem König berichten sie nichts Neues, wenn sie ihm seine eigene Größe schildern. Sie machen ihm nur deutlich, daß dem Sprecher/Sänger und denen, die er vertritt, diese Größe bekannt ist.

Diese Funktion ist genau so wichtig wie die der Verkündigung. Sie ist Verkündigung in der Gegenrichtung, also nicht nach außen, sondern nach innen. Amunenschi würde sich ihrer bedienen, wenn er Sinuhes Rat befolgen und dem König schreiben würde. Er würde seinen Brief mit einer Eulogie einlei-

---

4 Posener 1976.

5 Assmann 1987, 1991b.

6 Assmann 1975, Nr. 230.

ten, die zeigt, daß er Sinuhes Lektion gelernt hat und weiß, mit wem er es zu tun hat. In der Amarnakorrespondenz - ein halbes Jahrhundert später - sind solche Briefe wirklich erhalten. Abimilki von Tyrus etwa leitet seine Briefe mit anspruchsvollen hymnischen Charakterisierungen des ägyptischen Königs ein, damit dieser weiß, daß er weiß.[7]

Wir wollen als Resümee dieses ersten Schrittes folgendes festhalten: der Hymnus als Machtverkündigung, vorzugsweise in *pw*-Sätzen, hat seinen "Sitz im Leben" in der politischen Kommunikation. Die Macht des Königs ist eine ambivalente Sache: sie belebt und tötet. Sie zu kennen und sich zu ihr zu erkennen ist daher lebenswichtig, sowohl für die Untertanen als auch für die umwohnenden Fremdvölker. Es kommt darauf an, dieses Wissen nach außen zu verbreiten und nach innen zu bekennen: dazu dient die Form des Hymnus.

Wenn wir uns die ägyptische Situation vor Augen führen, dann wird sofort klar, wie zentral die Rolle der Propaganda hier in der Struktur der pharaonischen Herrschaft verankert ist. Wir haben es hier mit einem Großreich zu tun, innerhalb von dessen Grenzen die Kenntnis der pharaonischen Herrschaft und ihres Machtanspruchs sicher sehr ungleich verteilt war. Weder die sumerischen Stadtkönige, noch die israelitischen und frühgriechischen Herrscher waren mit diesem Problem konfrontiert. Vor allem der Wiederaufbau der pharaonischen Zentralgewalt nach dem Zusammenbruch des Alten Reichs war mit einem ganz erheblichen Aufwand an politischer Erziehung und Formung verbunden; der Sinuheroman und die Loyalistische Lehre sowie im weiteren Sinne die gesamte Literatur des Mittleren Reichs stehen im Dienst dieser Aufgabe.[8] Der Sitz im Leben, das formprägende Milieu des verkündenden Hymnus ist die Durchsetzung der pharaonischen Herrschaft, nicht einfach im Sinne eines politischen Systems, das um Unterstützung wirbt, sondern eher im Sinne einer Religion, einer Lehre des Heils und des richtigen Lebens, die den Weg weist zu einer Existenz im Einklang mit den Göttern und den Menschen sowie zur Unsterblichkeit.[9] In diesen Funktionszusammenhang einer Propaganda, die den Konsens wenn nicht der Massen dann zumindest der literaten Eliten gewinnen will, gehört als zentrale Form der verkündende Königshymnus hinein. Von diesen Intentionen sind seine Form und sein Pathos geprägt.[10]

---

7 Albright 1937.

8 Zu den politischen Implikationen der Literatur des Mittleren Reichs s. die bahnbrechende Studie von G. Posener 1956.

9 Assmann 1979b, 1980.

10 Zur Rolle und Phraseologie der Propaganda im ägyptischen Staat vgl. Blumenthal 1970 und Grimal 1986.

1.3 Die eulogische Form in Götterhymnen des MR. Gottespropaganda?

Wir wollen nun einen Schritt weitergehen und uns den Götterhymnen des MR zuwenden. Hier ragt ein Text als klassisch und repräsentativ hervor: der immer wieder abgeschriebene, in vielen Varianten und Fassungen bis in die Spätzeit erhaltene Osirishymnus der Stele Louvre C 30 aus Abydos.[11] Dieser Text besteht allerdings nicht aus *pw*-Sätzen, sondern aus lauter Nominalsyntagmen - v.a. Partizipien - laudativen Inhalts, die an das einleitende "Gegrüßt seist du" angehängt werden:

Sei gegrüßt, Osiris, Sohn der Nut,
Herr des Hörnerpaars, hoch mit der Atef-Krone,
dem die *Wrrt*-Krone gegeben wurde
und Herzensweite vor der Neunheit,
dessen Hoheit Atum geschaffen hat
in den Herzen der Menschen, Götter, Verklärten und Toten,
dem die Herrschaft gegeben wurde in Heliopolis,
groß an Verkörperungen in Busiris,
Herr der Furcht in Jati,
groß an Schrecken in Ra-setau,
Herr der Hoheit in Herakleopolis,
Herr der Macht in Tjenenet,
groß an Beliebtheit auf Erden . . .
usw.

Aber formal ist dieser Hymnus dem Hymnus des Sinuhe auf Sesostris I. durchaus ähnlich. Auch jener besteht aus einer Verkettung von Nominalsyntagmen, nur daß dort diese Kette durch immer wieder eingefügtes *pw* "ist er" in regelrechte Sätze aufgebrochen wird, während hier alles an das einleitende "Gegrüßet seiest du" angehängt ist, mit dem zusammen es einen 25 Verse umfassenden Riesensatz bildet. Am Ende dieser 25 Verse aber heißt es, alle vorhergehenden Prädikationen zusammenfassend:

Ein solcher ist Osiris
(*p3 pw Wsjr*)[12]

So wird das Ganze rückwirkend in eine *pw*-Prädikation umgewandelt und aus dem anredenden in den verkündenden Bezug übersetzt. Dieser Text hat

---

11 Assmann 1975, Nr. 204.
12 Vers 26, Assmann 1975, 433.

seinen eigentlichen Ort im Osiriskult. Das macht das Schlußgebet völlig klar, in dem es heißt:

> Ich bin gekommen, nachdem ich dir die geschlagen habe, die dich
> schlugen.
> Ich habe sie dir geschlachtet als Wildstiere
> und sie dir eingefangen als Herdenstiere,
> sie sind vor dir auf ihr Gesicht gefallen,
> ich habe dich befriedigt mit dem, was du liebst.
> So sei du mir gnädig an diesem Tage!
> Mögest du vertreiben, was Übles an mir ist,
> mögest du hören, was ich dir zurufe,
> mögest du hervorkommen auf das, was ich dir gesagt habe, schön an
> diesem Tage![13]

Das ist ganz eindeutig kultische Rede. Es ist ein "Schlußtext", in dem der Sprecher sich in seiner kultischen Rolle vorstellt, seine Handlungen für den Gott hervorhebt und um Gegenhandlungen des Gottes bittet.[14] *Überliefert* ist uns der Text aber in einer Form, die nicht in den Kult gehört, sondern in den schon erwähnten "monumentalen Diskurs", den ein Grabherr mit der Nachwelt führt. Denn er steht nicht in einem Ritualpapyrus, sondern auf einer Stele. Die Abydos-Stelen stammen nicht aus eigentlichen Gräbern, sondern aus Opfer- und Gedächtniskapellen, die sich die höchsten Beamten in Abydos errichteten, um sich eine ewige Teilnahme an dem dortigen Hauptfest, den sog. "Osirismysterien" zu sichern.[15] Der auf der Stele aufgezeichnete Hymnus, so darf man wohl folgern, vermittelt in erster Linie Gottesnähe. Erst in zweiter Linie mag auch an so etwas wie "Gottespropaganda" gedacht sein, eine Verbreitung und Verkündung der Größe Gottes an die Nachgeborenen.

Ein Begriff wie "Gottespropaganda" ist aber andererseits alles andere als fremd in der ägyptischen Welt. Das Pathos der Verkündigung, das Sinuhes Hymnus auf Sesostris I. und die anderen Königshymnen des MR kennzeichnet, möchte man ganz allgemein mit dem Partizipialstil der Prädikation verbinden. Mit dieser Form des Preisens verbindet sich der Wunsch, werbend für den Gott einzutreten: *"Ich will die Liebe zu dir verbreiten durch die Länder"*,[16] *"ich will die Götter hören lassen und die Menschen wissen lassen von deiner Schönheit"*.[17] So lesen wir in Sonnenhymnen der 18. Dynastie und dürfen eine ähnli-

---

13 Verse 42-50, Assmann 1975, 434.
14 Assmann 1969, 217ff.
15 Vgl. dazu Lichtheim 1988.
16 Assmann 1983, 184 m. Anm. 133.
17 Assmann 1983, 184 m Anm. 134.

ähnliche Intention schon mit der Osirishymnik des Mittleren Reichs verbinden. Darin macht sich der Grab- bzw. Stelenherr zum Mittler in der Verbreitung der Gotteskenntnis, weniger vielleicht "durch die beiden Länder" als vielmehr durch die Generationenfolge hin.

Diese Vermutung wird bestätigt durch den Inhalt der Hymnen im Nominalstil. Sie haben die Macht und Herrschaft des Gottes zum Thema, so wie die Königseulogien die des Königs. Auch hier geht es ganz ausgeprägt um die Ambivalenz dieser Macht, die tötet und belebt, je nachdem wie man sich zu ihr stellt. Daher kommt es darauf an, sie zu kennen. Ich möchte also die These vertreten, daß die Form des nominalen und partizipialen Götterhymnus ihre Prägung in genau denselben oder sehr entsprechenden funktionalen Zusammenhängen erfahren hat wie der Königshymnus. Es geht auch hier um Propaganda. Und zwar verbindet sie sich mit Kulten, die einen besonders engen Bezug zum Königtum haben und aus diesem Grunde und durch königliche Förderung aus ursprünglichen Lokalkulten zu Staatskulten werden und tatsächlich im ganzen Land verbreitet werden: Osiris im Mittleren Reich und der thebanische Amun-Re im Neuen Reich. Es handelt sich also um eine im Kern politische Form, die infolge der Ununterscheidbarkeit von Religion und Politik in Ägypten sich zum Medium der Gottespropaganda, der Verbreitung, Verkündung und Überlieferung theologischen Wissens ausbildet.

1.4 Kult, Grabmonument, Literatur: Aufzeichnungsbereiche hymnischer Rede.

Es gibt allerdings einen wichtigen Unterschied zwischen der Königs- und der Götter-Hymnik. Die Königshymnik hat, so scheint es, einen ganz zentralen Ort in der Literatur. Hier gehört sie hin, in den Bereich der formativen und normativen Grundtexte, die von der Beamtenelite im Zuge ihrer Schreiberausbildung auswendig gelernt werden und das Bewußtsein der staatstragenden Generationen prägen sollen. Daneben gibt es dann noch den Königskult, vor allem festliche Auftritte, bei denen der König feierlich begrüßt wird, und Königsinschriften, die einzelne Taten des Königs begründen und verewigen - Beispiele aus dem MR sind etwa die Berliner Lederhandschrift mit der Abschrift einer Bauinschrift Sesostris I.[18] und die Grenzstelen Sesostris III. in Semna,[19] die alle ein erhebliches Maß an literarischer Formung erkennen lassen. Und eher ausnahmsweise findet sich ein Königshymnus in privaten Grabinschriften. Mit den Götterhymnen steht es umgekehrt. Fast die gesamte Dokumentation, über die wir aus dem MR verfügen, stammt von privaten Grabmonumenten. Aus dem Kult ist ein einziger Papyrus (pRamesseum VI mit Suchos-Hymnen, auf die wir noch eingehen werden) erhalten. Aber das ist ein leicht erklärbarer

---

18 Lichtheim 1973, 115-118; Abd el Azim el Adly 1984, 6-18.
19 Lichtheim 1973, 118-120.

Zufall der Überlieferung; der Kult bildet natürlich den eigentlichen und ursprünglichen Sitz der Götterhymnik, die von hier aus auf die Privatdenkmäler ausstrahlt. In der Literatur jedoch sucht man vergeblich nach Hymnen an Osiris, Upuaut, Min oder einen anderen der im MR auf Stelen gepriesenen Götter. Diese Lücke wird vielmehr von einem Gott gefüllt, der gerade *keine* kultische Verehrung genießt, und das zeigt, daß die Lücke keineswegs zufällig ist. Ich meine den berühmten Nilhymnus.[20] Dieser Text gehörte zu den wichtigsten Schulklassikern des Neuen Reichs und wurde zusammen mit der Berufssatire und der Lehre des Amenemhet I. als ein Werk des Dichters Cheti betrachtet. Es handelt sich auch hier um einen Hymnus im Nominalstil in eindeutig propagandistischer Absicht. Wir wollen diese Absicht noch einmal definieren: dabei handelt es sich um die Verbreitung von Wissen über Macht-. und Herrschaftszusammenhänge unter denen, die von diesen Zusammenhängen betroffen sind. Die Herrschaft des Nils, genauer: der Nil-*Überschwemmung*, besteht darin, daß alles Leben von ihr abhängt. Das macht der Hymnus in teilweise geradezu spitzfindiger Argumentation klar. Ohne die Nilüberschwemmung gibt es keine Nahrung, das ist klar. Es gibt aber auch kein Licht und keine Salbe, weil diese aus dem Fett des Viehs gemacht werden, das wiederum von den Pflanzen lebt, die der Nil wachsen läßt.[21] Es gibt auch keine Literatur, denn auch der Papyrus wächst nur dank des Nils.[22] Nicht einmal die Gerechtigkeit ist ohne den Nil denkbar, denn von einem Hungernden darf man sie nicht erwarten.[23] Auch seine Macht ist ambivalent, denn er kann sich schenken und versagen. Daher ist es wichtig, seine Größe zu kennen und zu fürchten; und zum Schluß wird diese Furcht sogar in engsten Parallelismus mit dem loyalistisch-propagandistischen Imperativ gebracht:

> Ihr Menschen, die ihr die Neunheit erhebt,
> fürchtet euch vor seiner Hoheit!
> Handelt für seinen Sohn,
> den Allherrn, der die beiden Länder gedeihen läßt![24]

Damit gibt auch dieser Text seinen verkündenden Bezug zu erkennen, seine Wendung nach außen, die werben, gewinnen und Kenntnis verbreiten will. Man könnte sich die Aufführung dieses Textes denken anläßlich eines Fests zum Empfang der Nil-Überschwemmung, nach dem Muster der *entrée royale.*

---

20 Assmann 1975, Nr. 242, ed. van der Plas 1986.
21 Verse 55-61.
22 Verse 63-65.
23 Verse 77-78.
24 Verse 116-119.

Ich möchte an dieser Stelle wieder eine Zwischenbilanz einschalten. Wir
haben uns bisher auf das MR beschränkt, aus dem uns die frühesten Hymnen
überliefert sind, und festgestellt, daß es Hymnen in drei Bereichen des ägyptischen Schrifttums gibt: im Kult, in den Grabinschriften und in der Literatur.
Weiter haben wir festgestellt, daß Königs- und Götterhymnen sich auf diese
Bereiche ungleich verteilen. Der Königshymnus ist in der Literatur zuhause,
natürlich auch im Kult, tritt aber in den privaten Grabmonumenten nur ganz
ausnahmsweise auf. Der Götterhymnus ist in den Grabmonumenten verbreitet,
hat seinen eigentlichen Sitz im Leben zweifellos im Kult und fehlt in der Literatur. Aus dieser Beobachtung möchte ich zunächst den Schluß ziehen, daß es
sich bei diesen drei Bereichen der ägyptischen Schriftkultur - Kult, Grabinschriften und Literatur - um einigermaßen selbständige, funktionell voneinander unterschiedene Gebiete handelt.

Sodann möchte ich einen Ausblick aufs Neue Reich anschließen. Die
Situation ändert sich hier sehr dramatisch, und zwar vor allem dadurch, daß
nun auch der Götterhymnus zu einer im engeren Sinne literarischen Gattung
wird. Der früheste Text dieser Art ist der Kairener Amunshymnus.[25] Die
Handschrift datierte Möller in die Zeit Amenophis' II., möglicherweise aber
auch in den Anfang des NR. Große Ausschnitte des Textes finden sich aber bereits auf einer Statue der 17. Dynastie. Der Text muß daher aus der 2. Zz.,
vielleicht schon aus dem MR stammen. Auch dieser Text ist weitestgehend im
Nominalstil gehalten und verkündet die Größe Gottes. Die Macht-und-Herr-
schaftsthematik ist absolut vorrangig. Der Primat des Gottes, der alle anderen
Götter soweit überragt, daß sie fast schon mit den Menschen und anderen Lebewesen auf eine Stufe zu stehen kommen, wird aus seinem Schöpfertum ab-
geleitet. Er ist die *eine* Quelle allen Lebens. In dieser Tradition und nach diesem Vorbild entstehen im Neuen Reich eine Fülle weiterer formal kunstvoller
und theologisch anspruchsvoller Hymnen auf Amun-Re, die man als literarische, nicht kultische Texte einstufen muß.[26] Das heißt: ihre Hauptabsicht besteht darin, ein Wissen von Gott in den literarischen Diskurs einzubringen, der
das fundierende Wissen und Weltbild vermittelt. Literarisch heißt in Ägypten
zunächst und vor allem: edukativ. Das sind Texte, die mit dem Schreibenler-
nen auswendig gelernt und dadurch zur geistigen Grundausstattung der Elite
werden. In dieser Tradition sehe ich auch die Hymnen des Echnaton. Sie sind
unabhängig von ihrer kultischen Verwendung in erster Linie Teil seiner
"Lehre" und daher zweifellos auch Gegenstand einer im ganzen Land und (wie
die Abimilki-Texte zeigen) darüberhinaus verbreiteten Propaganda.[27]

25 Assmann 1975, Nr. 87; Assmann 1983a, 170-182.
26 Einige der wichtigsten Texte habe ich in Assmann 1975, Nr. 132-142, 174-195
zusammengestellt. Dazu s. jetzt vor allem den von J. Zandee edierten Text: Zandee
1992.
27 Vgl. hierzu Assmann 1992a.

1.5 Eulogische Selbstthematisierung im "monumentalen Diskurs": Das Selbstlob der Beamten.

Bevor ich nun zu der zweiten Grundform hymnischer Rede komme, muß ich wenigstens mit einem kurzen Seitenblick eine Form streifen, deren eigentlicher Ursprungsort das private Monumentalgrab ist und die ebenfalls den rühmend-verkündenden Nominalstil aufweist: die biographische Grabinschrift.[28] Hier haben wir es mit der ersten Person zu tun. An die Stelle der für die Königshymnik typischen *pw*-Sätze: "*Er* ist einer, der xy ist, tut, getan hat" und der für die Götterhymnen typischen vokativischen Prädikate "*Du*, der du xy bist, tust, getan hast" tritt die Aussage: "*Ich* bin einer der xy ist, tut, getan hat". Auch die Thematik wandelt sich. An die Stelle von Macht, Schöpfung und Herrschaft tritt die Tugend, die tadellose Erfüllung ethischer Normen.[29] Aber das Thema Tugend steht dem Motiv der Macht nicht so ganz fern. In den ältesten Inschriften dieser Art, im Alten Reich, entfalten diese Ich-Aussagen den Begriff eines *3ḫ jqr*, eines "untadeligen Verklärten", mit der unverkennbaren Absicht, Grabbesucher einzuschüchtern und davon abzuhalten, das Grab in unreinem Zustand zu betreten und sonstwie zu entweihen. Die Macht eines *3ḫ jqr* hängt mit seiner Tugend zusammen. Er wird Grabschänder vor Gericht ziehen und dort aufgrund seiner eigenen Untadeligkeit Recht bekommen. Auch seine Macht ist ambivalent, so enthalten die Inschriften Drohformeln und Segenswünsche.[30] Es ist gut, diese Macht zu kennen. Im MR verliert sich dieser apotropäische Impuls. Die Inschriften dienen weniger dem Schutz des Grabes als dem Andenken des Toten. Sie wollen nicht einschüchtern, sondern beeindrucken. So nähern sie sich der propagandistischen Intention und ihrer Form, der partizipialen Eulogie. Das Mittlere Reich bildet den Höhepunkt dieser Gattung:

> Ich bin/war einer, der gegenüber dem Zornigen schweigt
> und geduldig ist gegenüber dem Unwissenden, um der Agression zu
> wehren.
> Ich bin einer, der 'kühl' ist, frei von Übereilung,
> weil er den Ausgang kennt und die Zukunft bedenkt.
> Ich bin einer, der das Wort ergreift am Ort des Streits,
> der den richtigen Spruch kennt für das worüber man zornig ist.
> Ich bin einer, der milde war, wenn ich meinen Namen hörte,
> zu dem, der mir sagte, was in seinem Herzen war.

---

28 Vgl. hierzu bes. Lichtheim 1988.

29 Zum ägyptischen Konzept der Tugend und seinem Zusammenhang mit der Idee der Unsterblichkeit s. Assmann 1990, Kap. 4 und 5.

30 Vgl. Assmann 1992b.

Ich bin einer mit hellem Gesicht zu seinen Klienten,
der seinesgleichen Wohltaten erwies.[31]
usw.

In dieser Weise werden nicht weniger als 20 solcher Ich-bin-Aussagen auf-
gefahren. Die werbend-verkündende Intention ist unverkennbar. Adressat ist
die Nachwelt. Das ist eine Kommunikationssituation, die es in dieser Form nur
in Ägypten gibt, die hier die großartigsten Texte hervorgebracht hat und von
der Impulse auf viele andere Gebiete der Schriftkultur ausgegangen sind.

So wie Sinuhe die Kenntnis des Königs über die Landesgrenze, so tragen
diese Inschriften die Kenntnis ihrer Stifter über die Todesgrenze hinaus. Dabei
machen sie sich die Schrift zunutze: nur sie kann diese Kommunikation mit
der Nachwelt leisten. Die Kunst der eulogischen Verkündigung erwächst als
eine im wahrsten Sinne schriftgeborene Form aus dieser eigentümlichen
Kommunikationssituation. Grammatisch macht es überhaupt keinen Unterschied, diese Nominalsyntagmen an ein Ich, Du oder Er anzuhängen. Das ist
eine Sache der Rahmung, der Adressierung des eulogischen Corpus. Wir müssen daher von Eulogien im Ich-, Du und Er-Stil sprechen. Ihnen allen ist gemeinsam, daß sie das Wissen von einer Person an Außenstehende vermitteln
wollen, für die solche Kenntnis wichtig ist. Diese Wichtigkeit ergibt sich aus
der Bedeutung der Person, bei Göttern und Königen aus ihrer Macht und
Größe, bei Privatpersonen aus ihrer Tugend.[32]

2. Wünschen und verklären.

Ich möchte jetzt zur zweiten Grundform hymnischer Rede übergehen. Dafür greife ich auf den einzigen Papyrus eindeutig kultischer Zweckbestimmung
zurück, der uns aus dem MR erhalten ist: den pRamesseum VI mit zwei Hymnen an den Krokodilgott Sobek.[33] Der erste Hymnus zeigt den Nominalstil, der
uns schon vertraut ist. Der zweite aber sieht völlig anders aus:

Sei gegrüßt, Sobek von Schedet, . . .!
Geb hat dir dein Gesicht ausgestattet,
er hat dir deine Augen vereint.
Starker, groß ist deine Kraft!
Du durchziehst das Fayum, du durchwanderst den Großen Grünen
um deinen Vater Osiris zu suchen.

31 Stele BM 581 Lichtheim 1988, 110f.; Assmann 1991b, 193f.
32 Zu Form und Thematik der Eulogie in Ägypten s. meinen Artikel in: LÄ II, 40-46
s.v. Eulogie, Königs-.
33 Assmann 1975, Nr. 203.

Du hast ihn gefunden, du hast ihn belebt,
du sprachst diese Mundreinigung deines Vaters
in seinem Namen "Sokar".
Du befahlst deinen Kindern, zu gehen
und deinen Vater in ihm zu pflegen
in ihrem Namen "Pfleger des Sokar".
Du hast den Mund deines Vaters Osiris eingepaßt,
du hast ihm seinen Mund geöffnet,
du bist sein Sohn, den er liebt.[34]

Man fühlt sich hier unweigerlich an Texte erinnert wie

O Osiris N, steh auf.
Horus kommt und fordert dich von den Göttern.
Horus hat dich lieb gewonnen, er hat dich versehen mit seinem Auge,
Horus hat dir sein Auge angepaßt an dich.
Horus hat dir dein Auge geöffnet, damit du damit wieder sähest.[35]

Das ist aus Spruch 364 der Pyramidentexte; und aus Spruch 366:

Zu dir kommen deine beiden Schwestern Isis und Nephthys, um dich zu
    bewahren,
vollständig und groß in deinem Namen "Großes Schwarz",
frisch und groß in deinem Namen "Großes Grün".
. . .
Begrüßt haben dich Isis und Nephthys in Siut
als ihren Herrn in dir in deinem Namen "Herr von Siut".[36]
Usw.

Pyramidentexte sind Rezitationen im königlichen Totenkult. Im Zentrum
steht das Ritual, die Handlung. Daher reden auch die Texte von Handlungen
und verwenden die dafür natürliche Form des Verbalsatzes: Horus kommt, hat
dich lieb gewonnen, dich versorgt, sein Auge dir eingepaßt, dein Auge geöffnet usw. Die Namen und Ehrentitel des Gottes werden über Wortspiele an
diese Handlungen angeschlossen: "Du sprachst diese Mundreinigung (sk-r3) in
deinem Namen "Sokar" (Zkr)", heißt es z.B. im Sobek-Hymnus; "um dich

---

34 Verse 6, 10-23.
35 Sethe 1908, 327, §§ 609-610a.
36 Ibd., §§ 628, 630.

vollständig und groß zu bewahren in deinem Namen "Großes Schwarz" im Py-
ramidentext. - Die "Hymne mit der Namensformel" ist eine Sonderform der
"Verklärungen", die dem Sobek-Hymnus ganz besonders nahe steht. Aber die
verbale Form und der Bezug auf Ritualhandlungen kennzeichnen ganz allgemein die Verklärungen, aus denen mir dieser Hymnentyp hervorgegangen zu
sein scheint. S. Schott hat diese Verbalsätze als mythische Erzählung gedeutet.
In diesen Texten wird einem Gott "seine Mythe zum Preis erzählt".[37] Man
vermißt aber in den Pyramidentexten jede narrative Kohärenz. Hier wird nicht
ein zusammenhängender Mythos erzählt, sondern hier werden einzelne Ritualhandlungen mythisch gedeutet. Die Handlungen des Rituals geben den ersten
Referenz- und Kohärenzrahmen ab.[38]

Einen Unterschied zwischen Totentexten und Götterhymnen könnte man
darin sehen, daß der Angeredete in den Totentexten eine eher passive Rolle
spielt. Während Sobek im Hymnus als der Ausführende dieser Handlungen angeredet wird, erscheint der König in den Pyramidentexten als ihr Objekt. Aber
dieser Eindruck trügt. Es gibt andere Totentexte, in denen der Tote durchaus
aktiv auftritt, z.B. Spruch 213, einer der beliebtesten Sprüche:

> O Unas, du bist nicht tot weggegangen,
> du bist lebendig weggegangen!
> Setz dich nieder auf den Thron des Osiris,
> indem dein *sḫm*-Szepter in deiner Hand ist,
> damit du Befehle erteilst den Lebenden,
> und indem dein *mks*-Szepter und "Knospenszepter" in deiner Hand
>   sind,
> damit du Befehle erteilst denen mit geheimen Stätten.[39]

Oder Spruch 373:

> Erhebe dich, Teti,
> nimm dir deinen Kopf, umfasse dir deine Knochen,
> sammle dir deine Glieder,
> wische dir die Erde von deinem Fleisch,
> empfange dir dein Brot, das nicht schimmeln,

---

37 Schott 1945, 42.

38 Vgl. Assmann 1977.

39 Sethe 1908, 80f. Es handelt sich hier um einen der verbreitetsten und am längsten
tradierten Sprüche des Corpus.

dein Bier, das nicht sauer werden kann.
Mögest du an die Türflügel treten, die die *rḫjjt* (Menschen)
abwehren![40]

Als letztes Beispiel dieser Gattung möchte ich den Anfang eines Spruchs
zitieren, der aus dem nichtköniglichen Totenopferkult stammt und dort - nach
der Fülle seiner Vorkommen und Varianten zu schließen - kanonische Geltung
besaß:

Spruch, einem Verklärten Opfer darzubringen,
Mundöffnung zum Beginn der Rezitationen.
Möge dir der Himmel sich öffnen,
möge dir die Erde sich öffnen,
mögen dir die Wege sich öffnen im Totenreich,
auf daß du ausgehst und eingehst mit Re,
indem du frei schreitest wie die Herren der Ewigkeit.
Empfange Opfer als Gabe des Ptah,
reines Brot vom Altar der Hathor.
Möge dein Ba leben, deine Gefäße gedeihen,
dein Gesicht offen sein auf den Wegen der Finsternis.[41]

Der Angeredete erscheint als Subjekt, auch Objekt, von Handlungen und
Zuständen. Diese werden ihm hier nicht, wie in den Pyramidentexten und im
Suchos-Hymnus, in der perfektivischen *sḏm.n.f*-Form als vollzogen berichtet,
sondern sie werden ihm in der prospektiven *sḏm-f*-Form gewünscht. Von diesem Unterschied abgesehen, haben wir es hier überall mit einer Anrede in
Verbalsätzen zu tun, die einerseits auf Ritualhandlungen Bezug nimmt - z.B.
das Niederlegen des Opfers - , und andererseits auf Handlungen und Zustände
des Angeredeten, die - das ist der Sinn des Wünschens - in das Licht eines
vollkommenen Gelingens gestellt werden.

Als sprachliche Form begegnet das Wünschen besonders in der Einleitung
von Briefen. Besonders kunstvolle Beispiele solchen Wünschens finden sich in
den literarischen Briefen pAnastasi I (die "literarische Streitschrift") und
pMoskau 127.

---

40 Sethe 1908, 358ff.

41 Ich zitiere diesen in über 40 Varr. bezeugten Spruch in der frühesten vollständigen
Fassung auf einer Schale des frühen NR aus Harageh ed. B. Gunn, in: *Harageh* Tf.
Lxxi. Nach Zitaten in den CT und in der Lehre für Merikare zu schließen, geht der
Text mindestens auf die 1. Zz. zurück und ist bis in griech.-röm. Zeit belegt. Vgl. P.
Testa, in: JEA 72, 1986, 91-99.

Mögest du leben, heil und gesund sein, mein guter Bruder,
mögest du versorgt sein und dauern ohne Wünsche,
möge dein Bedarf an Leben und Versorgung erfüllt sein,
mögen Freude und Jubel deinem Wege gesellt sein..
möge deine "Höhle" überschwemmt sein von täglicher Fülle,
indem dein Glück und deine Erfüllung bleiben und dauern,
die Krankheitsdämonen sollen dich nicht anfallen in deiner Schicksals-
stunde.
Mögest du die Strahlen der Sonne sehen und dich an ihr stärken (. . .)
möge sie deine Augen leuchten lassen beim Anblick ihres Lichts.
(. . .)
Mögest du versorgt sein nach dem Alter,
mögest du dich mit Spitzenöl salben wie die Gerechten,
indem du behandelt wirst im Balsamierungshaus bis zum Ende deiner
Frist (= der 70 Tage),
mögest du eintreten in dein Grab des Heiligen Landes,
mögest du dich zu den vortrefflichen Bas gesellen und dich mit ihnen
vermischen.
Mögest du gerechtfertigt werden in Busiris bei Osiris
indem du dauerst in Abydos vor Schu und Onuris (?),
mögest du übersetzen nach U-Poqe im Gottesgefolge,
mögest du den Gotteshügel umwandeln im Gefolge des Sokar,
mögest du dich mit der Mannschaft der Neschmet-Barke vereinen ohne
abgewiesen zu werden,
mögest du die Sonne sehen am Himmel, wenn sie das Jahr eröffnet,
möge Anubis dir deinen Kopf an deine Knochen knüpfen,
mögest du herauskommen aus der verborgenen Kammer ohne Vernich-
tung,
mögest du den Sonnenglanz sehen in der Unterwelt, wenn er an dir
vorüberzieht,
möge der Nun überfließen in deinem Hause und deinen Weg über-
schwemmen,
möge er 7 Ellen hoch stehen neben deinem Grab,
mögest du am Ufer des Flusses sitzen zur Stunde der Rast,
mögest du dir Gesicht und Hände waschen, wenn du Opfer empfängst,
möge deine Nase Luft einziehen und deine Kehle atmen,
mögen die Gewänder der Webgöttin [. . .],
Möge der Korngott dir Brot geben und Hathor Bier,
mögest du saugen an der Brust der Milchgöttin,
mögest du (das Haus) der Herzen öffnen,
mögest du eintreten [in] es, [dir das deine nehmen] und es an seine
Stelle geben,
mögen deine Uschebti-Figuren dich annehmen,
mögen sie (für dich) den Sand von Osten nach Westen tragen,
mögest du [. . .] deiner Sykomorengöttin packen,

möge sie dir deine Kehle benetzen, mögest du [. . .] abwehren,
[mögest du stark sein] in der Erde, mögest du verklärt sein [in der
   Unterwelt] (. . .) Luft,
mögest du gerechtfertigt sein im Himmel, die Sterne (. . .),
mögest du dich nach Wunsch verwandeln wie der Phönix,
indem jede deiner Gestalten ein Gott ist gemäß deinem [Wunsch].[42]

Das ist natürlich reine Literatur. Gewiß hat niemand im Alten Ägypten so geredet und in einem echten Brief so geschrieben. Aber literarische Formen stehen nicht völlig beziehungslos da. Sie artikulieren in kunstvoller Steigerung Weisen sprachlichen Kommunizierens, die ihren natürlichen Ort im Sprachleben einer Kultur haben. Im vorliegenden Fall ist dieser natürliche Ort nicht schwer zu erraten. Es ist der Totenkult. Er schafft einen Rahmen, in dem es sinnvoll ist, zum Toten zu reden, und diese Rede bewegt sich formal und thematisch in genau denselben Wendungen wie dieser Brief.

Das Wünschen ist die eigentliche Form der rituellen Totenanrede, so wie die verkündende Fügung der Nominal- und Partizipialsyntagmen die eigentliche Form des Königs- und Gotteslobs ist. Den Kerngedanken des Gotteslobs bildet das Motiv der Verbreitung von Macht und Herrschaft, den Kerngedanken der Totenanrede das Motiv des Gelingens. Dahinter steht ein Bild vom Menschen, auf das wir hier nicht näher eingehen können, das wir aber doch nicht ganz außer Betracht lassen können. Der Mensch steht für den Ägypter in einem Lebensprozeß, der mit dem physischen Tod nicht abgeschlossen ist, der sich vielmehr über die Todesschwelle hinaus fortsetzt, dort besonderen Gefahren ausgesetzt ist und erst in vollem Sinne gelingt, wenn das Totengericht passiert und der Mensch in die Götterwelt aufgenommen ist. Auch dann ist dieser Prozeß keineswegs abgeschlossen, er mündet nur ein in die kreisläufige Form des kosmischen Lebens, in der er vor weiterem Scheitern sicher ist. "Mögest du aus- und eingehen mit Re, frei schreitend wie die Herren der Ewigkeit". So spricht man zu jemand, den man in ein Geschehen einbezogen, sozusagen unterwegs weiß: man wünscht ihm gutes Gelingen, glückliche Ankunft.

Wir sind auf das Wünschen etwas näher eingegangen, weil wir es hier mit der Urform der ägyptischen Sonnenhymnik zu tun haben. Die Verbindung zum Totenlied wird sofort deutlich, wenn man sich eines dieser Sonnenlieder anschaut:

Wie schön bist du, wie aufgegangen bist du,
wie strahlend bist du, wie funkelnd bist du!
Möge jene deine Mannschaft der Unvergänglichen rudern,
möge jene deine Mannschaft der Unermüdlichen fahren.

---

42 Pap. Anastasi I s. Fischer-Elfert 1983/86.

Mögest du herauskommen, aufsteigen,
hoch kommen in deiner Schönheit!
Möge deine Barke dahingleiten, in der du in Triumph
dahinfährst zu deiner Mutter Nut.
Mögest du den Himmel durchfahren, indem dein Feind gefallen ist.
 Wenn du dein Gesicht nach Westen wendest,
mögen gezählt sein deine Knochen, zusammengefügt sein dein Leib,
dein Fleisch leben, deine Gefäße gedeihen.
Möge dein Ba gedeihen und dein erlauchtes Bild gepriesen werden.
Mögen deine beiden Federn dich führen auf den Wegen der Finsternis.
Mögest du das Rufen deines Gefolges hören.[43]

  Zunächst ein Wort zur Übersetzung. Ich habe die Sätze mit "Möge" wie-
dergegeben, um deutlich zu machen, daß es sich um dieselben Verbformen
handelt wie in den Wunschsätzen der Briefe und Totenlieder. In meinen Übersetzungen dieser Sonnenhymnen habe ich die Möge-Sätze aufgrund ihrer
Schwerfälligkeit vermieden und einfache Aussagesätze vorgezogen. Im Ägyptischen steht jeweils die prospektive *sḏm.f*-Form.[44] In jedem Falle handelt es
sich um den wünschenden Zuspruch eines Gelingens, zugesprochen dem, der
in einem kritischen Prozeß begriffen ist. Der Tod und die Phasen des Sonnenlaufs, besonders die Morgen- und die Abendphase, sind die Urformen solcher
kritischer Prozesse, die sich zudem auch noch gegenseitig beleuchten. Dem
untergehenden Sonnengott wünscht man wie dem Toten, daß sein Fleisch leben, seine Gefäße gedeihen mögen, und natürlich steht hinter diesem Parallelismus der Wunsch, daß auch der Mensch nach dem Tode an der Regeneration
der Sonne teilhaben möge.[45] Der Sonnenlauf ist die ägyptische Heilsgeschich-
te. Der Sonnenhymnus ist mitwirkendes, förderndes Eingreifen in dieses
Heilsgeschehen mit den sprachlichen und rituellen Mitteln des Wünschens.
Genauso ist das Totenlied mitwirkendes, förderndes Eingreifen in das Geschehen, in das man den Toten einbezogen glaubt. Am Ende dieses Prozesses soll
der Tote zu einem "Ach" werden, einem Lichtgeist, daher nennt man die Form
des mitwirkenden Totenlieds mit der Kausativform des Stammes Ach *Se-Achu*,
also Ach-Machung, Ver-Ach-ung, "Verklärung".[46]
  Das kultische Sonnenlied ist eine Verklärung des Sonnenlaufs. Die Möglichkeit, zur Sonne zu reden wie zu einem Verstorbenen und umgekehrt beruht
auf dem Parallelismus von Sonnen- und Totenschicksal, der zu den Grund-
überzeugungen der ägyptischen Welt gehört. Nur wenn man sich diesen Paral-

---

43 Assmann 1969, Text II 2, Verse 5-19.
44 Zur grammatikalischen Form der Sonnenhymnen vgl. Assmann 1969, 353-359;
1983a, 66ff., 80f., 90f; Assmann 1975, 26-45.
45 Für Parallelstellen aus Totentexten s. Assmann 1983a, 191f.
46 S. hierzu meinen Artikel "Verklärung" in: *LÄ* VI, 998-1006.

lelismus klar macht, versteht man den Sinn dieses Sprechens. Verklärendes Sprechen ist Zuspruch eines Gelingens im Vollzug eines kritischen Übergangs. In seiner Alltagsform verblaßt es zu bloßem Wünschen wie in den Eingangsformeln der Briefliteratur, in seiner Sakralform wird es dagegen - im Munde des bevollmächtigten Priesters - "performativ" eingesetzt und stellt die Wirklichkeit her, die es beschreibt.

3. Ägyptische Theologie: Verkünden und Verklären.

Das Besondere der ägyptischen Hymnik sehe ich darin, daß sie zum Medium einer sehr anspruchsvollen Theologie wird. Unter Theologie verstehe ich eine Weise des Redens von Gott bzw. vom Göttlichen, die ihr Thema

1. auf eine allgemeine, grundsätzliche Weise faßt,
2. es lehrhaft und argumentativ entfaltet,
3. sich deutend, interpretativ oder exegetisch auf vorgegebene textliche oder außertextliche, z.B. kosmische Daten bezieht und
4. sich mit dem Problem der Einheit des Göttlichen auseinandersetzt.[47]

Wenn wir uns auf diese Minimaldefinition von Theologie einigen können, dann gebührt dem alten Ägypten ein besonderer Rang unter den Theologien der Völker.[48] Die Ägypter hatten, weit mehr als die Babylonier und ich möchte fast so weit gehen, zu sagen: fast mehr auch als die Israeliten, eine besondere Begabung für Theologie. Das Spezifikum der ägyptischen Theologie nun ergibt sich aus der Verbindung von Verkünden und Verklären. Verkündende Rede bezieht sich auf Macht und Herrschaft im Sinne einer statischen, ja zeitlosen Ordnung und Struktur. Schöpfertum und Königtum sind die beiden Brennpunkte dieser zeitenthobenen Macht, die in verkündender Rede zur Sprache kommt. Verklärende Rede bezieht sich auf Heil und Gelingen im Sinne eines dynamischen Prozesses. Dieser Prozeß ist die Überwindung des Todes einmal auf der individuellen Ebene, als Auferstehung und Übergang ins Jenseits, zum anderen auf kosmischer Ebene, in der Form des Sonnenlaufs, der als der zyklische Lebensprozeß des Kosmos überhaupt ausgedeutet wird. Der alte Ägypter denkt den Kosmos als einen Prozeß, und zwar als einen zyklischen Prozeß von Tod und Wiedergeburt.[49] Wir können also feststellen: verkündende Rede bezieht sich im atemporalen Nominalstil auf zeitlose Ordnungsstrukturen, verklärende Rede bezieht sich im Verbalstil auf Prozesse. Wir können die beiden Themenbereiche als "Herrschaft" und "Leben" unterscheiden.[50]

---

47 S. hierzu meinen Beitrag: Assmann 1986.

48 Zu diesem Begriff von Theologie s. Stietencron 1986, und speziell zur ägyptischen Theologie: Assmann 1986.

49 Vgl. Assmann 1990, Kap. 6.

50 Zur Semantik von Nominal- und Verbalstil in der ägyptischen Hymnik vgl. Assmann 1969, 1-13; Assmann 1975, 26-54.

Das Zentralthema der ägyptischen Theologie ist nun weder Herrschaft noch Leben, sondern Schöpfung oder - etwas allgemeiner gefaßt - die Beziehung von Gott und Welt, ein Problem, das anhand des Schöpfungsthemas entfaltet wird. Unser Begriff "Schöpfung" gibt allerdings die ägyptische Sicht der Dinge nicht präzise genug wieder. Es geht um *die Verwandlung Gottes in die Welt*, die, indem sie aus ihm hervorgeht, gleichzeitig auch von ihm geschaffen wird. Schöpfung und Kosmogonie sind komplementäre Aspekte desselben Vorgangs.[51] Daher ist der Schöpfer auch der Herr. Er hat nicht nur alles geschaffen, sondern verkörpert auch die Einheit, den Zusammenhang und die Richtung - heute würden wir sagen: das "Programm" - alles Seienden, da es ja aus ihm hervorging und in ihm seine Einheit hat. Schöpfungstheologie ist daher zugleich Kosmologie. Über das, "was die Welt im Innersten zusammen hält" nachdenken, heißt für den Ägypter: über Gott nachdenken. Dieses Nachdenken vollzieht sich im Medium des Theologischen Diskurses, und dieser wiederum bedient sich zu seiner Artikulation der Gattung des Hymnus.

Damit verändert sich auch die Formensprache hymnischer Rede in Ägypten. Die Theologie ist ja nicht das Ursprungsmilieu dieser Formensprache und ihrer Begrifflichkeit. Sie entwickelt sich vielmehr erst allmählich im Neuen Reich. Das hängt unter anderem zusammen mit der wachsenden Professionalisierung des Priestertums und dem zunehmenden Schriftlichwerden der Religion.[52]

Der erste in diesem Sinne theologische Hymnus ist der Kairener Amunshymnus, der vielleicht noch aus dem Mittleren Reich stammt, jedenfalls aber älter ist als das Neue Reich.[53] Er vertritt eine Primat-Theologie.[54] Die Beziehung von Gott und Welt wird als eine Beziehung der Herrschaft gedacht. Die anderen Götter gehören zur Welt hinzu. Sie empfangen wie alle anderen Lebewesen ihr Leben und ihren Lebensunterhalt von Gott, ihrem Schöpfer, von dem alles Geschaffene abhängig ist. In dieser totalen Abhängigkeit manifestiert sich die Herrschaft des Schöpfers über sein Geschöpf sowie der Zusammenhang alles Seienden. Dieser Zusammenhang ist vertikal gedacht: als hierarchische Abhängigkeit von der Spitze, die Gott bildet als die eine Quelle allen Lebens. Als nächsten rein theologischen Hymnus muß man den Großen Hymnus des Echnaton nennen mit seinem grandiosen revolutionären Neuentwurf der Beziehung von Gott und Welt.[55] Dieser Text und seine monotheistische

---

51 Zu den ägyptischen Schöpfungsvorstellungen s. Sauneron/Yoyotte 1988; Allen 1988; Assmann 1984.

52 Auf den "caractère profondement littéraire de la théologie égyptienne" machte Ph. Derchain, in: CdE 63, 1988, 85 aufmerksam und definiert "la théologie égyptienne comme la fascination de l'écriture".

53 S. oben, Anm. 25.

54 Vgl. Assmann 1979a.

55 Assmann 1975, Nr. 92; zur Theologie dieses Textes s. Assmann 1992a.

Position sind so bekannt, daß wir ihn hier übergehen können. Im Gegenzug entwickeln die thebanischen Theologen der Ramessidenzeit eine Theologie, die auf einer neuen theologischen Kategorie basiert. Das ist die Kategorie "Ba". Auf sie will ich abschließend einen Blick werfen, um daran das Niveau zu veranschaulichen, auf dem hier über die Beziehung von Gott und Welt nachgedacht wird.[56]

Der Ba-Begriff als solcher ist natürlich nicht neu. Er stammt aus dem königlichen Totenkult mindestens des Alten Reichs und wird schon in den Sargtexten mit Bezug auf Götter verwendet.[57] Als Ba der Götter gilt ihre sinnlich erfahrbare kosmische Manifestation. So gilt der Wind als Ba des Luftgottes Schu, in den sich der Tote mithilfe der Sargtextsprüche 75-82 verwandeln will. Im Buch von der Himmelskuh, also immerhin spätestens unter Tutanchamun, findet sich dann ein Stück entwickelter Ba-Theologie; dort heißt es:

B3 pw n Šw: t3w	Der Ba des Schu ist die Luft.
b3 pw n Nḥḥ: ḥwjt	Der Ba des Neheh ist der Regen.
b3 pw n Kkw: grḥ	Der Ba der Finsternis ist die Nacht.
B3 pw n Nnw: R'w	Der Ba des Urwassers ist Re.
b3 pw n Wsjr: B3-nb-Ddt	Der Ba des Orisis ist der Widder von Mendes.
B3 pw n Sbk: msḥw	Der Ba des Sobek sind die Krokodile.
jw b3 n nṯr nb m ḥf3w	Der Ba jeden Gottes sind die Schlangen.
jw b3 n 'pp m b3ḫw	Der Ba des Apopis ist (im) Ostgebirge.
jw b3 n R'w ḫt t3 r ḏr.f	Der Ba des Re ist durchs ganze Land hin.[58]

In Phänomenen der biokosmischen Sphäre wie Wind, Regen, Nacht, Krokodile, Schlangen manifestieren sich göttliche Kräfte. In der Ramessidenzeit wird auch eine Elementenlehre greifbar, die sich den Begriff "Ba" zunutze macht, um aus den Göttern der vier Generationen der heliopolitanischen Neunheit eine Elementenlehre zu entwickeln. Der Ba des Re, Ba des Schu, Ba des Geb und Ba des Osiris werden zu der Vierheit von Licht, Luft, Erde und Wasser verbunden.[59] Der Ba-Begriff wird, auf älteren Traditionen aufbauend, zum Instrument einer Immanenz-Theologie, die auf die innerweltliche Gegenwart des Göttlichen abhebt. Der Mensch begegnet in der ihn umgebenden

---

56 Für eine ausführlichere Darstellung des Ba-Konzepts und seiner Bedeutung im Rahmen der thebanischen Theologie der Ramessidenzeit s. Assmann 1983a, 203-211.

57 Zabkar 1968; Wolf-Brinkmann 1968.

58 Hornung 1982, 26f, 47; Assmann 1983a, 206f.

59 H. Wild, BIFAO 60, 60; Goyon 1972, 96 n.120; Medinet Habu, 420 B2.

Wirklichkeit zwar nicht den Göttern selbst, aber ihren Ba-Manifestationen. Diese Lehre steht in deutlicher Opposition zur verfemten Amarna-Religion. In den Amarna-Texten kommt der Begriff "Ba" nicht vor; die entsprechende Kategorie lautet hier *ḫprw*. Die sichtbare Welt ist *ḫprw* des Gottes, d.h. sie geht aus ihm hervor, ist aber nicht selbst göttlich.[60] Wir können das hier nicht ausführen; wichtig ist nur der argumentative und kontroverse Zusammenhang, der den Amarna-Monotheismus und die ramessidische Theologie verbindet. Die ramessidische Ba-Theologie gipfelt in der Lehre von den 10 Ba's des Amun, die in einem gewaltigen Hymnus entfaltet wird. Leider sind von den 10 Liedern, die je einem der Ba's gewidmet sind, nur die ersten drei erhalten. Aber ein einleitender Hymnus in der Form eines Morgenliedes nennt sie alle 10, sodaß das System als solches erkennbar wird.[61]

In den ersten fünf Ba's finden wir wieder jene kosmischen Elemente, die die Welt lebenspendend durchwalten. Das erste Ba-Paar sind Sonne und Mond, die zugleich als das rechte und das linke Auge des Weltgottes erklärt werden. Dann kommen der Ba des Schu und der Ba des Osiris für Luft und Wasser, und als fünftes nicht, wie man erwarten würde, der Ba des Geb für die Erde, sondern der Ba der Tefnut. Der Hymnus gibt die theologische Deutung. Sonne und Mond stehen nicht für das Licht, sondern die Zeit, die hier ebenfalls als eine kosmische, lebenspendende Energie erscheint. Das Licht wird dem Ba der Tefnut, der Göttin der flammenden Uräus-Schlange zugewiesen. Wir haben hier also Zeit, Luft, Wasser und Licht als lebenspendende Elemente. Alle fünf Ba's tragen in der zugehörigen Darstellung das Abzeichen ihrer kosmischen Manifestation auf dem Kopf: Sonne, Mond, Luftsegel, 3 Wassernäpfe (*nw*) und Fackel. Bis dahin finden wir uns auf vertrautem Boden, wenn auch diese 5-heit sonst nicht belegbar ist.[62]

Die zweiten fünf Ba's - und damit betreten wir theologisches Neuland - stehen für 5 Klassen von Lebewesen. Diese Theologie unterscheidet also zwischen kosmischem und animalischem Leben. Den 5 lebenspendenden kosmischen Energien stehen 5 Klassen lebenempfangender, beseelter Wesen gegenüber. Es sind Menschen, Vierfüßler, Vögel, Wassertiere und Erdwesen wie Schlangen, Skarabäen und Tote. Der Ba für die Menschen ist menschengestaltig und heißt "Königs-Ka", der Ba für die Vierfüßler ist löwenköpfig und heißt "Widder der Widder", der Ba für die Vögel ist menschengestaltig und heißt Harachte, der Ba für die Wassertiere ist krokodilköpfig und heißt "Ba derer im

---

60 Vgl. Assmann 1972, 109-126, sowie 1992a.

61 J.C. Goyon, in: Parker/Leclant/Goyon 1979, 69-79; 40-41; Tf. 27. Vgl. Assmann 1975, Nr. 128; Baruqc/Daumas 1980, Nr. 88; TUAT Nr. 13, 865-868. Einen demotischen Paralleltext veröffentlichte M. Smith, in: Enchoria 7, 1977, 115-149.

62 Eine Abbildung der anderweitig unveröffentlichten Darstellung der 10 Bas des Amun in der Krypta des ptolemäischen Opet-Tempels von Karnak findet sich in: Traunecker 1992, 97 fig. 8.

Wasser", der Ba für die Erdbewohner ist schlangenköpfig und heißt Nehebka.
Das System läßt sich tabellarisch darstellen:

Erste Fünfheit:

Ba	"in seinem Namen"	Funktion
Ba im rechten Auge	Re jeden Tages	Zeit
Ba im Linken Auge	Vollmond	Zeit
Ba des Schu	bleibend in allen Dingen	Luft, Wind
Ba des Osiris	Ältester Nun	Wasser
Ba der Tefnut	Der heil erwacht	Licht

Zweite Fünfheit:

Symbol	Klasse	"in seinem Namen"
Mensch	Menschen	Königs-Ka
Löwe	Vierfüßler	Widder der Widder
Falke	Vögel	Harachte
Krokodil	Wassertiere	Ba der Wasserwesen
Schlange	Erdwesen	Nehebka

Das verblüffendste an dieser Theologie ist für mich der Platz, den sie dem
König anweist. Der König gehört zu den 10 Ba's, er ist einer der zehn inner-
weltlichen Manifestationen, in denen Gott die Welt belebt, beseelt und organi-
siert, und zwar ist er diejenige Gottesenergie, die für die Menschen zuständig
ist. Nicht der König selbst, wohlgemerkt, sondern der Königs-Ka, also das als
solches göttliche institutionelle Prinzip des Königtums, das sich in jedem seiner Träger verkörpert und das mit dem Gott Horus identisch ist. Das Königtum
ist eine kosmische Energie wie Licht und Luft. In ihm kommt diejenige Got-
tesmacht zur Erscheinung, die die Menschenwelt beseelt, versorgt und ordnet.

Diese Lehre wird nicht nur in einem Hymnus sprachlich ausformuliert,
sondern auch in einem Ritual in kultische Handlung umgesetzt. Dieses Ritual
kennen wir aus dem Gebäude des Taharqa am Heiligen See von Karnak, wo
die entsprechenden Wandbilder leider sehr zerstört sind, und aus dem Opet-
Tempel in Karnak, in dessen Krypta Cl. Traunecker eine wohlerhaltene Vari-
ante entdeckt hat.[63] Es handelt sich um einen Krypten-Kult, einen Geheimkult.

---

63 Erwähnt von Goyon 1972, 69ff.

Auch der Hymnus ist mit allen Zeichen des Geheimnisses umgeben. In der Fassung des Hibis-Tempels trägt er den Titel: "Das Buch der Geheimnisse des Amun, das auf Schreibtafeln aus Nbs-Holz niedergeschrieben ist".[64] Wir befinden uns hier an der Schwelle des Hermetismus und der gräko-ägyptischen Zauberpapyri, die z.T. eine ähnlich anspruchsvolle Theo-Kosmologie entfalten.[65] An dieser Schwelle wollen wir jedoch haltmachen und uns mit der Feststellung begnügen, daß sie nicht erst in der gräko-ägyptischen Spätantike, sondern bereits mehr als ein Jahrtausend vorher überschritten wird. Die Esoterik ist eine Begleiterscheinung des Literarisch-Werdens der ägyptischen Hymnik und das genaue Gegenstück zur propagandistischen Wendung nach außen.

Bibliographie:

BdE   Bibliothèque d'Étude

JEA   Journal of Egyptian Archaeology

LÄ   Lexikon der Ägyptologie

OBO   Orbis Biblicus et Orientalis

TUAT   O.Kaiser (Hg.), Texte aus der Umwelt des Alten Testaments

Abd el Azim el Adly 1984, Die Berliner Lederhandschrift, in: Welt des Orients 15, 6-18.

Albright William Foxwell 1937, The Egyptian Correspondence of Abimilki, King of Tyre, in JEA 23, 190-203.

Allen James P. 1988, Genesis in Egypt: the Philosophy of Ancient Egyptian Creation Accounts, Yale. Egyptological Studies 2, New Haven.

Assmann Jan 1969, Liturgische Lieder an den Sonnengott. Untersuchungen zur ägyptischen Hymnik I, Münchner Ägyptologische Studien 19, Berlin (= Liturg. Lieder).

Ders. 1972, Die Häresie des Echnaton: Aspekte der Amarna-Religion, in: Saeculum 23, 109-126.

Ders. 1975, Ägyptische Hymnen und Gebete, Zürich und München.

Ders. 1977, Die Verborgenheit des Mythos in Ägypten, in: Göttinger Miszellen 25, 1-25.

---

64 De Garis Davies 1953, Tf. 31; die Übers. in Assmann 1975, Nr. 128, 1-2 ist entsprechend zu korrigieren.

65 Vgl. besonders Merkelbach/Totti 1990f.

Ders. 1979a, Primat und Transzendenz. Struktur und Genese der ägyptischen Vorstellung eines 'Höchsten Wesens', in: W.Westendorf (Hg.), Aspekte der spätägyptischen Religion (Göttinger Orientforschungen IV.9), Wiesbaden, 7-40.

Ders. 1979b, Weisheit, Loyalismus und Frömmigkeit, in: E. Hornung, O. Keel (Hg.), Studien zu altägyptischen Lebenslehren, OBO 28, 1-72.

Ders. 1980, Die 'loyalistische Lehre' des Echnaton, in: Studien zur Altägyptischen Kultur 8, 1-32.

Ders. 1983a, Re und Amun. Die Krise des polytheistischen Weltbilds im Ägypten der 18.-20.Dynastie, OBO 51, Fribourg.

Ders. 1983b, Sonnenhymnen in thebanischen Gräbern, THEBEN I, Mainz.

Ders. 1984, Art. "Schöpfung, in: LÄ V, 677-690.

Ders. 1986, Arbeit am Polytheismus. Die Idee der Einheit Gottes und die Entfaltung des theologischen Diskurses in Ägypten, in: Stietencron 1986, 46-69.

Ders. 1987, Sepulkrale Sebstthematisierung im alten Ägypten, in: A.Hahn/ V.Kapp (Hg.) Selbstthematisierung und Selbstzeugnis: Bekenntnis und Geständnis. Frankfurt, 208-232.

Ders. 1990, Ma'at. Gerechtigkeit und Unsterblichkeit im Alten Ägypten, München.

Ders. 1991a, "Ägyptische Hymnen und Gebete", in: TUAT, Bd. II, Lfrg. 6: Lieder und Gebete II, Gütersloh, 827-928.

Ders. 1991b, Schrift, Tod und Identität, in: Stein und Zeit. Mensch und Gesellschaft im Alten Ägypten, München, 169-199.

Ders. 1992a, Akhanyati's Theology of Light and Time, in Proceedings of the Israel Academy of Sciences and Humanities, VII 4, Jerusalem, 143-176.

Ders. 1992b, Inscriptional Violence and the Art of Cursing. A Study of Performative Writing, in: Stanford Literature Review, Spring, 43-65.

Barucq André 1962, L'Expression de la louange divine et de la prière dans la Bible et en Égypte, Bibl. Égyptol. 33, Kairo.

Ders. 1974, "Les études d'hymnologie égyptienne", in: Textes et langages de l'Égypte pharaonique III, BdE 64.3, 53-64.

Ders./Daumas François 1980, Hymnes et prières de l'Égypte ancienne, Paris.

Blumenthal Elke 1970, Untersuchungen zum Königtum des Mittleren Reichs, I. Die Phraseologie, Berlin.

De Garis Davies Norman 1953, The Temple of Hibis in el-Khargah Oasis III, The Decoration, Publications of the Metropolitan Museum of Art, Eg. Exp. 17.

Fecht Gerhard 1965, Literarische Zeugnisse zur "Persönlichen Frömmigkeit" in Ägypten, Abhandlungen der Heidelberger Akademie der Wissenschaften. Phil.-hist. Klasse, Heidelberg.

Fischer-Elfert Hans-Werner 1983/86, Die literarische Streitschrift des Papyrus Anastasi I, Teil 1: Textzusammenstellung. Wiesbaden 1983 (Kleine Ägyptische Texte); Teil 2: Übersetzung und Kommentar, Ägyptol. Abh. 44, Wiesbaden 1986.

Goyon Jean-Claude 1972, Confirmation du pouvoir royal au Nouvel An, BdE 52, Kairo.

Grapow Hermann 1954, in: Zeitschrift für Ägyptische Sprache und Altertumskunde 79, 21ff.

Grimal Nicolas 1986, Les termes de la propagnade royale égyptienne de la xix.e dynatie à la conquête d'Alexandre, Paris.

Hassan Selim 1928, Hymnes religieux du Moyen Empire, Kairo.

Hornung Erik 1982, Der ägyptische Mythos von der Himmelskuh, OBO 46.

Koch Roland 1990, Die Erzählung des Sinuhe, Bibl. Aeg. XVII, Brüssel.

Lichtheim Miriam 1973, Ancient Egyptian Literature I, Berkeley.

Dies. 1988 Ancient Egyptian Autobiographies, chiefly of the Middle Kingdom, OBO 84, Fribourg.

Merkelbach Reinhold/Totti Maria (Hg.) 1990f, Abrasax. Ausgeählte Papyri religiösen und magischen Inhalts, Abh. d. Rheinisch-Westf. Ak. d. Wiss., Sonderreihe Papyrologie Coloniensia vol. XVII, bisher 2 Bde. "Gebete", Opladen.

Parker Richard A./Leclant Jean/ Goyon Jean-Claude (ed.) 1979, The Edifice of Taharqa, Providence.

Posener Georges 1956, Littérature et politique dans l'Égypte de la 12.e dynastie, Paris.

Ders. 1976, L'enseignement loyaliste. Sagesse égyptienne du Moyen Empire, Genf.

Sainte Fare Garnot Jean 1954, L'hommage aux dieux sous l'Ancien Empire égyptien, Paris.

Sauneron Serge/Yoyotte Jean 1959, La Naissance du monde selon l'Égypte ancienne, in: Sources Orientales I, Paris, 17-91.

Scharff Alexander 1921, Ägyptische Sonnenlieder, Berlin.

Schott Siegfried 1945, Mythe und Mythenbildung im alten Ägypten, Untersuchungen zur Geschichte und Altertumskunde Ägyptens 15, Leipzig.

Sethe Kurt 1908, Die altägyptischen Pyramidentexte Bd.I, Leipzig.

Stewart Harry Milne 1967,"Traditional Egyptian Sun Hymns of the New Kingdom", in: Bulletin of the Institute of Archeology of London VI, London, 29-74.

Stietencron Heinrich von (Hg.) 1986, Theologie und Theologien in verschiedenen Kulturkreisen, Düsseldorf.

Traunecker Claude 1992, Les dieux de l'Égypte, Que sais-je? 1191, Paris.

Van der Plas Dirk 1986, L'Hymne à la crue du Nil, 2 Bde., Leiden.

Wolf-Brinkmann Elske Marie 1968, Versuch einer Deutung des Ba-Begriffs anhand der Überlieferung der Frühzeit und des Alten Reichs, Diss. Basel, Freiburg.

Zabkar Louis Vico 1968, A study of the Ba Concept in Ancient Egyptian Texts, in: Studies in Ancient Oriental Civilisation 34, Chicago.

Zandee Jan 1947, De Hymnen aan Amon van Pap. Leiden I 350, in: Oudheidkundige Mededeelingen uit het Rijksmuseum van Oudheden te Leiden 17, Leiden.

Ders. 1992, Der Amunshymnus des Papyrus Leiden I 344 verso, 3 Bde., Leiden.

Gernot Wilhelm

HYMNEN DER HETHITER

Bei der Untersuchung der Hymnik der Hethiter wird mehr noch als bei anderen Textgattungen deutlich, wie stark die hethitische Schriftkultur von identifizierbaren und deutlich voneinander abgrenzbaren fremden Einflüssen geprägt ist.

Spätestens seit Beginn des Alten Reichs der Hethiter im 16. Jh. v.Chr., wahrscheinlich sogar noch früher, wurde die babylonische Keilschrift in einer nordsyrischen Ausprägung in Hatti verwendet. Da die Erlernung der Keilschrift immer auch mit der Rezeption von Texten des Heimatlandes der Keilschriftkultur einherging, bestand die Übernahme der Schrift nicht nur in der Aneignung eines Mediums wie etwa bei der Übernahme der phönizischen Alphabetschrift durch die Griechen, sie ging vielmehr einher mit der Erlernung der akkadischen, in geringerem Maße der sumerischen Sprache durch hethitische Gelehrte und mit dem Studium von Texten der sumerisch-babylonischen Tradition. Schon in althethitischer Zeit stehen daher akkadische neben hethitischen Literaturwerken. Allerdings handelt es sich bei den akkadischen Texten um die literarische Verarbeitung hethitischer Stoffe; Abschriften von Werken babylonischer Schreibergelehrsamkeit sind erst aus mittelhethitischer Zeit (15./14. Jh. v.Chr.) und aus der Großreichszeit (14./13. Jh.) bezeugt, sie sind aber zumindest in einem geringen Umfang auch für die Schreiberausbildung der ältesten Zeit zu vermuten.

Abgesehen von der syro-mesopotamisch bestimmten Schriftkomponente war die althethitische Kultur im wesentlichen durch die in Nord- und Zentralanatolien vorgefundenen Institutionen, Vorstellungen und Bräuche der (Proto-) Hattier geprägt. Mit dem wohl schon früh einsetzenden Absterben des Hattischen waren aber gewichtige Überlieferungen vom Absinken in die Vergessenheit bedroht. Das Interesse des hethitischen Hofes und der Tempel war daher zunächst auf Aneignung und schriftliche Fixierung der Überlieferungen des eigenen Landes gerichtet, soweit diese von fortwährender Bedeutung waren. Seit dem ausgehenden 15. Jh. jedoch öffnete sich das Hethiterreich in erstaunlichem Maße gegenüber der hurritischen Kultur nordsyrischer Herkunft. Dies hing mit einer politisch-militärischen Expansion zusammen, die den Hethitern die dauerhafte Kontrolle über den kilikisch-südkappadokischen Raum brachte, der von jener Kultur seit längerem stark geprägt war. Insbesondere die hethitische Dynastie selbst hatte seit etwa 1400 v.Chr. eine besondere Beziehung zur hurritischen Sprache und Religion, ohne daß wir über den Hintergrund dieser Beziehung genauer informiert wären.

Die Schriftkultur des syrischen Raumes, von der in dieser Zeit wieder neue starke Impulse auf die Schriftkultur der Hethiter ausgingen, war ihrerseits in mancher Hinsicht mesopotamisch beeinflußt. Dies hatte zur Folge, daß zusammen mit hurritischen Traditionen auch akkadische nach Ḫattuša gelangten und dort wiederum einen Aneignungsprozeß stimulierten, der die hethitische Schriftkultur wesentlich bereicherte.

In der sog. Großreichszeit schließlich, also der Epoche von etwa 1335 bis 1200 v.Chr., gelangten durch die Eroberung von Mitanni, durch die anschließende hethitische Kontrolle Nord- und Mittelsyriens und durch den engen diplomatischen Kontakt mit Babylonien in größerem Umfang Werke der sumerisch-akkadischen Tradition nach Ḫattuša.

Wegen der Zugehörigkeit des Hethitischen zur indogermanischen Sprachfamilie würde man zunächst erwarten, daß die hethitischen Hymnen mit den griechischen, avestischen oder vedischen Hymnen zumindest irgendwelche Übereinstimmungen zeigen. Aufgrund der eben beschriebenen hattischen, syrischen und mesopotamischen Einflüsse muß die Frage nach dem Fortwirken indogermanischer Hymnik aber präziser formuliert werden: Es ist zunächst nach einer Hymnik der althethitischen Epoche zu fragen, jener Epoche also, in der die babylonischen Einflüsse auf der Ebene der dichterischen Formen und Inhalte schwach und die syro-hurritischen kaum verspürbar sind. Und, falls diese Antwort positiv ausfiele, wäre weiterhin zu fragen: Ist diese Hymnik aus der lokalen vorhethitischen, also der hattischen Tradition übernommen, oder gibt es Anzeichen dafür, daß sie von den Hethitern nach Anatolien mitgebracht wurde? Nur wenn das letztere der Fall wäre, dürfte man etwaige Parallelen zwischen der hethitischen Hymnik und der Hymnik anderer Kulturkreise mit indogermanischer Sprachtradition auf ein gemeinsames Erbe zurückzuführen versuchen. Anderenfalls müßte man für Übereinstimmungen eine Erklärung eher in einem Diffusionsprozeß suchen oder sie für zufällig halten.

Die Antwort auf diese Fragen muß, was etwaige indogermanische Traditionen der Hymnik betrifft, derzeit negativ ausfallen. Texte aus althethitischer Zeit, die als Hymnen bezeichnet werden können, gibt es nicht. Es gibt allerdings im Rahmen von Kultritualen kurze Götteranrufungen, die hymnische Elemente enthalten. Solche Anrufungen richten sich in hattischer Sprache an hattische Götter, sind damit also klar der altansässigen Kultur, die die Hethiter im nördlichen Zentralanatolien vorfanden, zuzurechnen. Schon in althethitischer Zeit wurden solche Texte aber auch ins Hethitische übersetzt. Sie bedienen sich in der Anrede der 2. Person Sg., nennen den Namen der Gottheit, der als der bei den Menschen gebräuchliche Name bezeichnet wird, und stellen diesem den unter den Göttern verwendeten Namen gegenüber. Eine kurze auf verschiedene Götter anwendbare und also wenig charakteristische Prädikation, ebenfalls in der 2. Person Sg., kann folgen. Hier ein Beispiel aus einem solchen Text:[1]

> Wenn "der Sohn" (= der Kronprinz) den Gott Wašezzili beschwört, [spricht der Sänger]: "Bei den Sterblichen (bist du) Wašezzili, [unter] den Göttern aber (bist) du der König Löwe. Himmel und Erde [hältst du!]".

> Wenn "der Sohn" die Beischläferin des Wettergottes beschwört, [spricht der Sänger:] "Bei den Sterblichen (bist du) Tašimmeti, unter den Göttern aber (bist) du die Königin IŠTAR!." Dies ist entsprechend den Ritualen geo[rdnet].

> Wenn "der Sohn" den Wesir des Wettergottes beschwört, sprich[t] der Sänger: "Bei den Sterblichen (bist du) der Wesir des Wettergottes, [unter] den Göttern aber (bist) du der Wettergott des Feldes. Himmel und Erde [hältst du!]" Dies aber ist entsprechend den Ritualen (*malteššar*) des Wettergottes geo[rdnet].

Längere Kompositionen, die als Hymnen bezeichnet werden können, gibt es erst seit der mittelhethitischen Zeit, d.h. seit dem späten 15. Jh. Hier ist vor allem ein Hymnus an den hethitischen Sonnengott Ištanu zu nennen, dessen literarische Sonderstellung, so darf man vermuten, auf einer besonderen Wertschätzung beruhte, die sich darin äußerte, daß dieser Hymnus schon in mittelhethitischer Zeit, aber auch später in verschiedene Gebete an eine Sonnengottheit und in einem Falle sogar in ein Gebet an eine Wettergottgestalt (*pihaššašši*, CTH 381) inkorporiert wurde.

Die Niederschriften des Textes sind fortlaufend, nehmen also keine Rücksicht auf innere Gliederungsprinzipien. Dies ist in der hethitischen Schreiberpraxis nicht ungewöhnlich, wie am besten an Niederschriften akkadischer episch-mythischer Texte aus Boğazköy gezeigt werden kann, bei denen die Versstruktur klar erkennbar ist, aber vom Schreiber nicht mit dem Zeilenum-

---

1 Übersetzung nach der hethitischen Fassung KUB VIII 41 Vs. II 4'-13'; cf. Neu 1980, 183. Für hethitische und hattische Parallelen cf. Laroche 1947, Friedrich 1954, Neu 1980, 185-203, Kühne 1980, 96 f.

bruch harmonisiert wurde,[2] wie dies bei babylonischen Bibliothekstafeln der Fall ist.

H.G. Güterbock, der sich in mehreren Arbeiten um die philologische Erschließung der Hymnen und Gebete der Hethiter und insbesondere auch des Hymnus an die Sonnengottheit verdient gemacht hat,[3] hat eine gebundene Umschrift vorgelegt, die die Grenzen von Sätzen und Kola berücksichtigt und die poetische Struktur des Textes hervortreten läßt. Die folgende Übersetzung und auch die Gliederung des Textes in Strophen und Verse stammt von ihm:[4]

I 1 **Ištanu**, mein Herr, *gerechter Herr des Gerichts,*
   2 König von Himmel und Erde!
   3 Du regierst das Land, du verleihst Kraft.
   4 *Du bist ein gerechter Gott, du hast Erbarmen, du erfüllst die Bitte.*
   5 *Du bist barmherzig, Ištanu, und hast Erbarmen.*
   6 *Der rechtschaffene Mensch ist dir lieb, und du erhöhst ihn,*
   7 **Ištanu**, *voll erwachsener Sohn der Ningal!*
   8 Dein Bart ist aus Lapislazuli.
   9 **Siehe, ein Menschenkind, dein Diener, ist vor dir niedergefal len und spricht zu dir:**

II 10 Im Umkreis von Himmel und Erde bist du, **Ištanu**, die Leuchte,
    11 **Ištanu**, mächtiger König, Sohn der Ningal!
    12 *Des Landes Sitte und Gesetz setzest du fest,*
    13 unter den Göttern bist du angesehen.
    14 Eine starke Herrschaft ist dir verliehen,
    15 *ein gerechter Regent bist du.*
    16 *Du bist Vater und Mutter aller Länder.*

III 17 **Ištanu**, großer König!
    18 Dein Vater Enlil hat dir die vier Ecken des Landes in die Hand gelegt.
    19 *Du bist Herr des Gerichts,*
    20 *und am Orte des Gerichts kennst du keine Müdigkeit.*
    21 Auch unter den Früheren Göttern bist du, **Ištanu**, mächtig:
    22 du setzest die Opfer für die Götter fest,
    23 auch den Anteil der Früheren Götter setzest du fest.

---

2 So z.B. die akkadischen Gilgameš-Fragmente aus Ḫattuša; cf. Wilhelm 1988.
3 Güterbock 1958, 1964, 1978, 1980.
4 Güterbock 1978, 226 f.; Bearbeitung: Güterbock 1958; Lebrun 1980, 92 ff., 121 ff. Eine neue Übersetzung bietet Ünal 1991, 796 f. Zu der komplizierten Textgeschichte cf. außer den Anm. 2 genannten Arbeiten noch Marazzi/Nowicki 1978, Carruba 1983 (insbesondere das Stemma S. 11), Klinger/Neu 1991, 148 f. (zur Datierung der Handschriften).

IV	24	Man öffnet die Türflügel des Himmels für dich, Ištanu,
	25	und du, angesehener **Ištanu**, durchschreitest das Tor des Himmels,
	26	und die Götter des Himmels neigen sich vor dir,
	27	auch die Götter der Erde neigen sich vor dir.
	28	Was immer du, **Ištanu**, sagst, da fallen die Götter vor dir nieder.
V	29	**Ištanu**, *du bist Vater und Mutter für den unterdrückten und vereinsamten Menschen;*
	30	*du verschaffst dem unterdrückten und vereinsamten Menschen Genugtuung.*
VI	31	Wenn am Morgen die Sonne am Himmel aufsteigt,
	32	dann kommt dein Licht, Ištanu, über alle oberen und unteren Länder.
	33	*Du richtest den Rechtsstreit von Hund und Schwein,*
	34	*auch den Rechtsstreit der Tiere, die mit dem Munde nicht sprechen, entscheidest du,*
	35	*und über schlechte und böse Menschen sprichst du Urteil.*
VII	36	*Eines Menschen, dem die Götter zürnen und den sie verstoßen,*
	37	*dessen nimmst du, Ištanu, dich mit Erbarmen an.*
	38	**Segne dieses Menschenkind, deinen Diener,**
	39	**dann wird er dir stets Brot und Bier zu opfern fortfahren;**
	40	**nimm ihn, Ištanu, als deinen rechtschaffenen Diener bei der Hand!**
VIII	41	**Die vier (Tiere), die du, Ištanu, angespannt hast,**
	42	**siehe, dieses Menschenkind hat ihnen Gerste aufgeschüttet,**
	43	**und deine Vier sollen sie fressen.**
	44	**Während deine Vier die Gerste fressen, sei du, Ištanu, willkommen!**
	45	**Siehe, dieses Menschenkind, dein Diener, spricht ein Wort zu dir,**
	46	**und hört auf dein Wort.**
IX	47	Ištanu, mächtiger König! Du wandelst durch die vier Weltecken,
	48	während zu Deiner Rechten Furchtbarkeit schreitet,
	49	zu deiner Linken Schrecken schreitet.
X	50	Bunene, dein Wesir der Rechten, schreitet rechts von dir,
	51	*Mīšaru*, dein Wesir [der Linken], schreitet links von dir,
	52	und (so) gehst du über den Himmel hin.

Eine gewisse Gliederung, fast möchte man sagen Rhythmisierung, erhält der Text dadurch, daß immer wieder, insgesamt 16 mal, der Gott bei seinem Namen genannt wird (durch Fettdruck hervorgehoben). Der Text ist nicht ausschließlich lobpreisend, sondern enthält auch einige Verse, die Bezug auf den Beter nehmen - in der Übersetzung ebenfalls durch Fettdruck gekennzeichnet -

und in den Hymnus Elemente des Gebets einbringen, so Vers 9: "Siehe, ein Menschenkind, dein Diener, ist vor dir niedergefallen und spricht zu dir" und Vers 38 f.: "Segne dieses Menschenkind, deinen Diener, dann wird er dir stets Brot und Bier zu opfern fortfahren", also eine Wendung des *do ut des* Opfers zum *da ut possim dare*; des weiteren Vers 40: "nimm ihn, Ištanu, als deinen rechtschaffenen Diener bei der Hand!", und schließlich in den Versen 41 ff. der Hinweis auf das Tun des Beters, das mit einem mythologischen Motiv verknüpft ist: "Die vier (Tiere), die du, Ištanu, angespannt hast, siehe, dieses Menschenkind hat ihnen Gerste aufgeschüttet, und deine Vier sollen sie fressen. Während deine Vier die Gerste fressen, sei du, Ištanu, willkommen! Siehe, dieses Menschenkind, dein Diener, spricht ein Wort zu dir, und hört auf dein Wort."

Die Bezugnahme auf den Beter in der 3. Person Sg. deutet darauf hin, daß wir es hier mit einer vom Priester gesprochenen Fürbitte zu tun haben. Dies ist nicht ungewöhnlich, bezeichnet sich doch in manchen Gebeten der Sprecher ausdrücklich als von dem König geschickt, für den das Gebet vorgetragen wird.[5] Die Verknüpfung des Hymnus mit dem folgenden Gebet geschieht dadurch, daß der hymnisch angerufene Sonnengott gebeten wird, dem persönlichen Gott des Beters die Bitten vorzutragen.[6]

Der Hymnus besteht aus einer Reihung von Prädikationen, die um zwei zentrale Themen kreisen: Die Gerechtigkeit und Barmherzigkeit einerseits, die den spezifischen Zug der angerufenen Gottheit ausmachen, und die einzigartige Macht andererseits, die einen unspezifischen Zug darstellt und ebensogut oder besser noch auch auf andere Götter passen würde. Beide Themen werden schon in den ersten beiden Versen der Anrufung angesprochen: (1 f.) "Ištanu, mein Herr, gerechter Herr des Gerichts, König von Himmel und Erde!" Zu dem ersten Thema gehören Aussagen (in der Übersetzung kursiviert) wie (4 f.) "Du bist ein gerechter Gott, du hast Erbarmen, du erfüllst die Bitte. Du bist barmherzig, Ištanu, und hast Erbarmen." Dem zweiten Thema, dem Lobpreis der Macht, der vor sachlich problematischen Attributionen nicht zurückschreckt, lassen sich Aussagen wie die folgende zuordnen: (26 f.) "und die

5 KUB XXXVI 80 Vs. I 1-3: *uiait=mu [Mu]ršil[iš ḫaššuš tuel* ÌR-KA MUNUS.LUGAL-*ašša tuel* GÉME-KA *uiai]t it=ua ammel* ANA BE-[EL-TI-JA A-NA D]UTU UR]U*Arinna memi* "Es hat mich geschickt [der König Mu]ršiliš, [dein Diener, und auch die Königin, deine Dienerin, hat (mich) geschick]t: 'Geh! Sprich zu meiner Her[rin, der Sonnengöttin von] Arinna!'" (anders Lebrun 1980, 156). Cf. auch KUB XXIV 1+ // 2 Vs. 3-7; cf. Gurney 1940.

6 KUB XXX 11+ Rs. 2'-5' // KUB XXXVI 75+ Vs. II 7'-12' // KBo XXII 75+ 7' ff. // KUB XXX 10 Vs. 3'-4': *nu=tta kaša ḫaššuš aruuanun nu=tta memiškimi kuiš=mu* DINGIR^LUM *ki inan paiš nu=ššan* DINGIR^LUM *apaš mān nepiši mān=aš takni zig=a Ištanuš katti=šši paiši nu it* ANA DINGIR^LUM *apedani memi* (Var.: *apedani* ANA DINGIR^LUM *tet*) "Siehe, ich, der König, verneige mich vor dir und spreche zu dir: Die Gottheit, die mir diese Krankheit gab -, sei jene Gottheit im Himmel oder sei sie in der Erde -, du aber, Ištanu, wirst zu ihr gehen. Geh (und) sprich zu jener Gottheit . . .".

Götter des Himmels neigen sich vor dir, auch die Götter der Erde neigen sich vor dir. Was immer du, Ištanu, sagst, da fallen die Götter vor dir nieder."

Zu diesen beiden Hauptthemen treten Aussagen, die sich aus der primären Seins- und Wirkenssphäre der Sonnengottheit als solcher ergeben (in der Übersetzung unterstrichen).

Der babylonische Einfluß liegt bei diesem Hymnus auf der Hand. Dies ist schon ohne weitere Untersuchung der Attributionen deutlich, wenn der Sonnengott wie der babylonische Šamaš als Sohn der sumerisch-akkadischen Mondgöttin Ningal und - nach babylonischer Theologie allerdings nicht ganz orthodox - des Götterkönigs Enlil bezeichnet wird; wenn Bunene nach babylonischer Tradition als sein Wesir zur Rechten und Mīšaru, die akkadische Personifikation der Rechtsordnung, als sein Wesir zur Linken bezeichnet wird.

Der zentrale Aspekt, unter dem der Sonnengott in dem Hymnus gesehen wird, ist wie bei dem babylonischen Šamaš der des gerechten und benevolenten Gottes: Diesem Thema sind die Strophen 1-3 und 5-7 gewidmet. Die Strophe 4 enthält das Mythologem von dem durch die Tür des Himmels eintretenden Gott, wie es der mesopotamischen Glyptik seit der frühen Akkadzeit (23. Jh.) geläufig ist.

Der Sonnengott durchschreitet das Tor und durchläuft - so die Strophen 9-10 - die "vier Weltecken" bzw. "den Himmel". Die in Strophe 8 begegnende Vorstellung von dem auf dem Wagen fahrenden Sonnengott steht dazu in einem Widerspruch. Dementsprechend hat H.G. Güterbock gerade auch in der Erwähnung der vier Zugtiere einen Hinweis darauf gesehen, "daß die Komposition als ganze nicht aus einer babylonischen Vorlage übersetzt, sondern von einem Hethiter frei verfaßt ist".[7] Bereits im Kommentar seiner Bearbeitung des Hymnus hatte er unter den "concepts that are peculiar to the Hittites" "the notion that man can feed the animals harnessed to the god's quadriga"[8] erwähnt. In der Tat wird der Sonnengott in der sumerisch-akkadischen Welt im allgemeinen nicht mit dem Wagen in Zusammenhang gebracht, außer es handelt sich - wie bei anderen Göttern auch - um Prozessionswagen.[9] Erst spätbabylonische Quellen bezeugen den Streitwagen des Šamaš an seinem Hauptkultort Sippar[10] und bezeichnen den Wesir des Šamaš, Bunene, als "Streitwagenfahrer" (rākib GIŠ.GIGIR).[11] Der Punkt ist in unserem Zusammenhang von Bedeutung, weil man die Vorstellung des Sonnenwagens mit entsprechenden Vorstellungen bei anderen Völkern indogermanischer Herkunft in Zusammenhang bringen könnte. Insbesondere der griechische

7 Güterbock 1978, 227.
8 Güterbock 1958, 242.
9 Salonen 1951, 66-76.
10 Pinches 1928.
11 CAD N/1, 357b.

Helios bedient sich bekanntlich ebenfalls eines zweirädrigen Streitwagens mit vier Pferden. Demgegenüber ist aber auf eine sumerisch-akkadische Gebetsbeschwörung zu verweisen, von der eine wohl frühgroßreichszeitliche Abschrift in Boğazköy gefunden wurde und die eine klare, jedoch bisher übersehene Parallele bietet; es heißt dort:[12]

[anše-zu anše]-kur-ra-zu [še a-ra-an-dub]
[ana ANŠE]-ka a-na ANŠE.[KUR.RA-ka še-am aš-pu-uk]
Deinem Esel (und) deinem Pferd habe ich Gerste hingeschüttet.

Der Text führt die Wohltaten des Beters für die Tiere noch weiter aus:[13]

šib[ir k]ù.babbar [guškin kir₄-ne-ne mu-un-gar]
ṣer-ret k[à-à]s-pí ù [ḫu-ra-ṣi ina ap-pi-šu-nu aš-ku-un]
Zügel von Silber und Gold legte ich an ihre Nüstern.

An dieser Stelle ist allerdings nicht von einer Quadriga die Rede; immerhin ist der vierspännige Wagen bereits in der altmesopotamischen Kunst des 3. Jts. bezeugt.[14] Ein vermeintliches hurro-hethitisches Zeugnis für den Wagen des Sonnengottes scheidet hingegen aus: Wenn der Sonnengott im Ullikummi-Mythos den Wettergott wieder verläßt, dem er die Nachricht von dem Steinunhold überbracht hat, besteigt er nicht seinen Wagen, wie die Stelle früher unter freier Ergänzung des Wortes "Wagen" verstanden wurde,[15] vielmehr steht er von dem Stuhl, den man ihm hingestellt hatte, auf und geht fort.[16]

Scheidet also das Motiv des Sonnenwagens als mögliches Indiz für das Fortwirken genuin indogermanischer Vorstellungen in hethitischer Hymnik aus, so muß nun dieselbe Frage hinsichtlich der in Strophe 9 genannten Trabanten des Sonnengottes gestellt werden. J. Friedrich hat in einer kurzen Notiz die Begleiter des Sonnengottes - naḫšariatteš "Ängste" und ueritemaš "Schrecknisse" - mit den von Homer mehrfach genannten Dienern des Ares, Deimos und Phobos, verglichen, nicht ohne sofort von sich zu weisen, hier einen "Kausalzusammenhang"(sic!) zu suchen.[17] Die Zuordnung von Angst

12 CTH 794, KUB XXXVII 115 + KBo VII 1 (+) KBo VII 2 Rs. 15'-16', ergänzt nach Fassungen aus Ninive und Sultantepe, cf. Cooper 1972, 71.
13 KBo VII 1 Rs.! 1'-2' + KUB XXXVII 115 Rs. 17'-18'.
14 Cf. Orthmann 1975, Tf. 38.
15 Goetze 1969, 123.
16 So die richtigere Übersetzung von Güterbock 1952, 29.
17 Friedrich 1954/55, 148.

und Schrecken ist ein deutlicher Fremdkörper in dem Sonnenhymnus, der sonst ganz im Geiste des großen babylonischen Šamaš-Hymnus[18] die Benevolenz und Gerechtigkeit des Sonnengottes preist. Der Hinweis von Friedrich auf die schädigenden Auswirkungen der Sonnenhitze vermag daher nicht recht zu überzeugen, schon gar nicht im hethitisch-nordanatolischen Raum. Auch ist darauf zu verweisen, daß die Personifikationen von Angst und Schrecken in der hethitischen Literatur nicht vereinzelt stehen: Sie werden im Rahmen des nordanatolischen Frühjahrsfestes, des AN.TAḪ.ŠUM-Festes, beopfert[19] und sind in dem hattischen Mythos vom Mond, der auf den Marktplatz fiel, sowie in dem angefügten Opferritual als Trabanten des Wettergottes bezeugt,[20] was als die angemessenere Zuordnung gelten darf. Es handelt sich hier also wohl in der Tat um ein Motiv, das der hethitische Verfasser aus seiner heimischen Traditionswelt eingebracht hat.

Ein anderes Motiv, das von modernen Bearbeitern als nicht-mesopotamisch empfunden wurde, ist das des Prozesses von Hund und Schwein, den der Sonnengott entscheidet. Dieses Motiv ist hier gewiß eingesetzt, um zum Ausdruck zu bringen, daß die Gerechtigkeit des Sonnengottes so weit geht, daß er sie auch den am meisten verachteten Tieren angedeihen läßt. Das Nebeneinander von Hund und Schwein begegnet in der Instruktion für Tempelpersonal, in der den Opferbrotbäckern aufgetragen wird, nicht nur für ihre persönliche Reinheit und die ihres Backraumes zu sorgen, sondern auch darauf zu achten, daß "weder Hund noch Schwein zur Tür des Raumes kommen, wo die Brote gebrochen werden".[21] So könnte man in der Tat dazu neigen, diese Passage auf anatolischen Einfluß zurückzuführen. Allerdings gibt es wohl eine spezifischere Parallele, die nicht nur wie die Instruktion Hund und Schwein als unreine Tiere zusammenstellt, sondern von der Disharmonie zwischen beiden spricht. Gemeint ist der im folgenden noch zu behandelnde hurritisch-hethitische Ištar-Hymnus, der ebenfalls kaum ohne mesopotamische Anregungen entstanden sein wird. Leider ist die entsprechende Textstelle in ihrer Lesung nicht völlig sicher. Die Vorstellung vom Streit zwischen Hund und Schwein, der vom Sonnengott entschieden wird, könnte jedenfalls gut auf die sumerische und akkadische Textgattung des Streitgesprächs von Tieren, Pflanzen und Gegenständen (eine Gattung, aus der auch die Fabel hervorgegangen ist)[22] zurückgeführt werden, auch wenn ein solches Streitgespräch von Hund und Schwein nicht bezeugt ist. Die Vermutung, daß das babylonische Vorbild des

18 Lambert 1975, 121-138; cf. zuletzt Janowski 1989.

19 KBo XIII 245 Rs. 14-16.

20 KUB XXVIII 4 Rs. r. Kol. 10 f., cf. Kammenhuber 1976, 48.

21 KUB XIII 4 Vs. I 20: *namma=kan paršuraš pedi* ŠAḪ-*aš* UR.GE₇[-*aš*] KÁ-*aš le tii̯azi*; Übersetzung: Kühne 1985, 201; letzte umfassende Textbearbeitung: Süel 1985.

22 Cf. Lambert 1975, 150-212.

Sonnenhymnus auch in diesem Punkte das Motiv geliefert hat, ist also nicht gänzlich unberechtigt.

Der Hymnus auf den Sonnengott Ištanu ist auch in ein großreichszeitliches Gebet eingefügt worden, das für Muršili II. geschrieben wurde (CTH 376) und das an die Sonnengöttin von Arinna gerichtet ist. Der Verfasser veränderte den Hymnus aber insofern, als er Verse, die auf den männlichen Sexus der Sonnengottheit Bezug nehmen, wegließ oder umgestaltete: Die Göttin wird nicht wie Ištanu als "König von Himmel und Erde" angesprochen, vielmehr heißt es "Du allein kontrollierst das Königtum von Himmel und Erde". Fortgelassen werden die Verse, in denen die Sonnengottheit als Sohn der Ningal und des Enlil bezeichnet wird, sowie die Prädikation: "Dein Bart ist aus Lapislazuli".

Man kann sich fragen, warum der Verfasser dieses literarischen Gebets an die Sonnengöttin von Arinna auf eine so wenig für seinen Zweck passende Vorlage zurückgegriffen hat, anstatt einen Hymnus zu verfassen, der die Theologie dieser Gottheit angemessen berücksichtigt. Gewiß ist die Dignität des zu dieser Zeit bereits etwa ein Jahrhundert alten Sonnenhymnus in Rechnung zu stellen. Auch gefällt sich traditionelle Gelehrsamkeit eher in der Bearbeitung vorgefundenen Materials als in der freien Schöpfung. Man kann den Sachverhalt aber auch dahingehend interpretieren, daß die Hymnik den Hethitern zunächst fremd war und daß auch nach Entlehnung einzelner Hymnen aus anderen Regionen der Keilschriftkultur diese den Charakter des Fremden und Besonderen behielten, so daß aus den einzelnen Entlehnungen nicht eigentlich eine Gattung hethitischer Literatur erwuchs.

Immerhin zeigt der Hymnus an den Sonnengott eine gewisse Selbständigkeit in der Behandlung des vorgegebenen babylonischen Materials und zumindest in einem Falle - freilich, wie wir gesehen haben, nicht in allen bisher dafür in Anspruch genommenen Fällen - die Integration eines einheimischen Motivs. Anders verhält es sich mit einigen hymnischen Texten, die als Werke der sumerisch-akkadischen Schriftkultur unverändert übernommen wurden und wahrscheinlich keine kultische Bedeutung hatten, sondern als Studienobjekte der Schreiber- und evtl. Priestergelehrsamkeit oder auch nur zur prestigeorientierten Mehrung der Bibliothek dienten. Einige dieser Texte wurden auch ins Hethitische übersetzt.

Es hat allerdings den Anschein, als seien im wesentlichen nur solche Hymnen und Gebete rezipiert worden, deren Adressaten im hethitischen Pantheon eine Entsprechung hatten wie der Sonnengott, der Wettergott und die Göttin Ištar.

So sind außer dem oben behandelten Sonnenhymnus allein vier weitere hymnische Texte mit Bezug auf den Sonnengott bezeugt:

CTH 792.1, ein akkadischer Text, der in seinem erhaltenen Teil ganz dem hymnischen *ina balu*-Muster folgt, das aus zahlreichen Gebeten des šu-íla-Typs bekannt ist und das den Gott mit vielen Variationen der Aussage preist, daß ohne ihn nicht geschehen kann, was geschieht. Der Text war mit einer hethitischen Übersetzung versehen, die aber bis auf geringe Reste abgebrochen ist. Daß es sich hier um rein babylonische Literatur handelt, beweist ein Duplikat des Textes, das in Assur gefunden wurde.[23]

CTH 793 ist ein bilinguer (sumerisch-akkadischer) Hymnus auf den Sonnengott mit ausführlicher Nennung seiner sechs Wesire. Auch hier ist die unveränderte Übernahme einer mesopotamischen Vorlage durch ein Duplikat aus Ninive gesichert.[24]

Die Tafel CTH 794[25] enthält u.a. eine ebenfalls zweisprachige, sumerisch-akkadische Gebetsbeschwörung an Šamaš, die mit einer zehnzeiligen hymnischen Anrede beginnt, um dann in eine breite Darlegung der rituellen Leistungen des Beters überzugehen.

KBo IX 45 (CTH 795) schließlich ist das Fragment eines hymnischen Textes, der sich wegen der Erwähnung des Wesirs Bunene[26] auf den Sonnengott beziehen muß.

Mindestens zwei erhaltene Texte preisen den Wettergott, der bei den Hethitern, anders als in Mesopotamien, der Herrscher in der Götterwelt ist:

CTH 314, ein Hymnus an den Wettergott - sumerisch Iškur, akkadisch Adad -, ist auf zwei aufeinanderfolgenden Tafeln in drei Sprachen - Sumerisch, Akkadisch und Hethitisch - überliefert, wobei das Sumerische doppelt, in orthographischer, d.h. in der Lexik durchweg logographischer, und daneben auch in syllabischer Schreibung erscheint.[27]

Ein weiterer hierher gehöriger Text, der als Adad-Hymnus (CTH 313[28]) bezeichnet wird, ist eher ein Gebet, das wie die babylonischen Eršaḫunga-Gebete auf die "Herzberuhigung" des Gottes abzielt. Die Anrede an die Gottheit ist aber zu einem weit über 30 Zeilen umfassenden Hymnus ausgestaltet. Der Text liegt nur in hethitischer Übersetzung vor, durch die aber das babylonische Original deutlich durchschimmert, und zwar sowohl im Sprachlich-Formalen (im *parallelismus membrorum* und in der Litanei III 8-27) wie im Inhaltlichen: Aussagen wie die von der Übergabe der Ellilschaft an den Wettergott oder diejenigen, die den Wettergott als Eingeweideorakelgeber charakterisieren, sind aus der Theologie des hethitischen Wettergottes nicht ableitbar. In der Unterschrift wird der Text ausdrücklich als Werk eines Babylonisch-Schreibers (DUB.SAR *papilili*) bezeichnet. Zeichenformen sowie sprachliche

23 Ebeling 1954.
24 Borger 1975, 318.
25 Cf. Anm. 11.
26 Z. 7': *Bu-un-né-e-nu šu-uk-ka[l-lu*.
27 Laroche 1964.
28 Archi 1983.

Merkmale deuten auf eine Niederschrift während der mittelhethitischen Zeit, also im späten 15. oder in der ersten Hälfte des 14. Jhs., hin.

Schließlich ist im Zusammenhang der Übernahme sumerisch-babylonischer Hymnik auch das sog. "Große Gebet an Ištar" zu nennen (CTH 312), das auf getrennten Tafeln in der akkadischen Originalfassung und in einer hethitischen Übersetzung auf uns gekommen ist. Der Text ist zwar durch die Anfangszeile *usallī-ki bēlet bēlēti ilat ilāti* "ich bete zu dir, Herrin der Herrinnen, Göttin der Göttinnen" sowie durch Prekativ- und Imperativformen als Gebet gekennzeichnet, doch ist der bei weitem größte Teil des Textes hymnischen Charakters. Eine kultische Funktion ist für diesen Text im hethitischen Milieu ebensowenig anzunehmen wie für die übrigen hymnischen Texte in sumerischer und akkadischer Sprache, auch dann, wenn sie mit hethitischer Übersetzung versehen werden. Wahrscheinlicher ist es, daß sie aus gelehrtem Interesse und zu Zwecken der Schreiberausbildung tradiert wurden. Im Falle des Ištar-Gebets CTH 312 haben die Bearbeiter darauf hingewiesen, daß die akkadische Fassung viele Fehler enthält und sich dadurch als Schreiberübung zu erkennen gibt.[29]

Alle bisher besprochenen hymnischen Texte aus Ḫattuša haben die beiden folgenden Merkmale miteinander gemein: Sie stammen aus Mesopotamien - sei es, daß sie Abschriften und Übersetzungen sumerisch-akkadischer Vorlagen, sei es, daß sie freie Verarbeitungen mesopotamischer Vorbilder sind -, und sie stehen meist (in einigen Fällen ist für ein diesbezügliches Urteil zu wenig erhalten) in einem Gebetszusammenhang.

Beides gilt nicht für den hurro-hethitischen Ištar-Hymnus CTH 717.[30] Von diesem Text, der ursprünglich 106 Zeilen umfaßte, fehlen zwar am Schluß 17 Zeilen, so daß sein durchgehender Hymnencharakter nicht strikt bewiesen werden kann, doch sprechen die abschnitteinleitenden Verben der 1. Person Sg. (*ụallaḫḫi* "ich rühme" I 12, 22, 24, so wohl auch [1], [*išḫam*]*iškimi* "ich singe" I 56) dafür, daß wir hier in der Tat einen rein preisenden Text ohne Bitt- oder Klageelemente vor uns haben.

In dem ersten, weitgehend abgebrochenen Abschnitt wird anscheinend die Göttin selbst in ihren beiden Hauptaspekten als Lenkerin des Kampfes und als Herrin der Liebe vorgestellt. Der Name der Göttin wird stets mit dem Logogramm IŠTAR geschrieben, wobei aber durch die Komplementierung -*li* klar wird, daß hier nicht der hurritische Name der Gottheit - Šavuška - gemeint ist, sondern ein noch unbekannter anatolischer Name.[31]

---

29 Reiner/Güterbock 1967, 256.

30 Bearbeitung: Güterbock 1984; cf. auch Archi 1977, Wegner 1981.

31 Etwa *ụalliụalli*, das Epitheton einer der Šavuška aspektuell verwandten und mit ihr in lokalem Rahmen konkurrierenden IŠTAR-Gestalt?

Im zweiten und dritten Abschnitt werden die "vorderen" und die "hinteren" Zofen der Göttin gepriesen:

II Ich [rüh]me sie, die vordersten Zofen der Ištar: [Nin]atta, Kulitta,
Šindal-irdi, [ ]amrazunna.
Ein Haus, das der Ištar [li]eb ist, in das Haus schickt sie jene, um
(dafür) zu sorgen,
und die Arbeit, welche sie verrichten, die verrichten sie mit (fröh-
lichem) Lachen,
Das Haus aber, welches sie versorgen, das versorgen sie mit Freude.
Harmonie schufen sie unter den jungen Frauen, so daß sie Tuch weben,
Harmonie schufen sie unter den Söhnen des Hauses, so daß sie das Feld
Hufe um Hufe pflügen.

III Ich rühme sie, die hinteren Zofen der Ištar: Ali, Ḫalzari, Taruwi, Šinan-
tadugarni rühme ich.
Ein Haus, das der Ištar verhaßt ist, in das Haus schickt sie jene, um es
zu "behandeln",
und das Haus bearbeiten sie mit "Ke[uchen]" und "Beengung".
Die jun[gen Frauen] hetzten(?) sie auf, so daß eine die andere ständig
an den Haaren ("am Kopf") zieht und sie nicht in Harm[onie Tuch]
weben,
die Geschwister [aber] machten sie zu Feinden(?), so daß sie das Feld
nicht mehr Hufe um Hufe pflügen,
sie sähten Zwist, so daß das [Getreide]mahlen nicht mehr [stattfindet].
W[ie] Hund und [Schw]ein(?) nicht in Harmonie le[ben, . . .

Die Namen der Hilfsgeister der Göttin verweisen eindeutig in hurritisches
Milieu und sind für die bisherigen Bearbeiter[32] das entscheidende Argument
für eine hurritische Vorlage des Hymnus. Das Motiv der voran- und hinterher-
gehenden Hilfsgeister der Ištar ist allerdings auch für die akkadische Ištar bezeugt, wenn es in einem Gebet an die Göttin Ištar heißt: "vor dir ein *šēdu*-Ge-
nius, hinter dir ein *lamassu*-Genius".[33] Ob hierin ein positives Indiz für mesopotamischen Hintergrund des hurro-hethitischen Hymnus gesehen werden darf,
ist aber eher zweifelhaft.

Der Aufbau des Hymnus ist in seinem mittleren Teil strikt antithetisch, um
die Ambiguität der Göttin darzustellen: Sie liebt und verleiht Liebe, aber sie
haßt auch und sät Haß. Den positiven Wirkungen der vorderen Zofen in dem
zweiten Abschnitt sind die negativen der hinteren in dem dritten Abschnitt
gegenübergestellt. Sorgen die einen für Harmonie, so daß die Arbeit fröhlich

---

32 Cf. Anm. 30.
33 Ištar Nr. 1:17: *pānuk-ku šēdu arkatu-k lamassu*; cf. Seux 1976, 322.

verrichtet wird und das Hauswesen gedeiht, so sorgen die anderen dafür, daß es durch Haß und Streit ruiniert wird. Ebenso im vierten und fünften Abschnitt: Hier ist von der Erfüllung der sexuellen Liebe, ehelich wie außerehelich, die Rede, der der Haß zwischen Mann und Frau gegenübergestellt wird.

Die Abschnitte 2-5 sind nicht alle genau gleich lang, auch dann nicht, wenn man hinter der zufälligen Zeileneinteilung nach Güterbocks Vorgehen die Versstruktur rekonstruiert. Sie umfassen aber stets mindestens acht Zeilen.

Im sechsten, mit etwa 25 Zeilen längsten Abschnitt, der mit der Einleitungsformel *išḫamiškimi* "ich will singen" eine deutliche Zäsur setzt, erscheint das aus dem babylonischen Gilgameš-Epos in seiner Zwölftafelfassung bekannte Motiv von Ištars Behandlung ihrer Ehemänner und Geliebten. Auch hier kehrt die aus der Beliebigkeit der Gunst- und Haßbezeugung der Göttin erwachsende Antithetik als Stilmittel wieder:

VI   Du zehrtest deine Gatten auf:
[Den einen Mann] machtest du zum Greis,
den anderen Mann [brachtest d]u(?) zur Vollendung(?),
(wieder) einen anderen Mann vernichtetest du schon als Jüngling.
Die Männer zehr[test] du wie zarten Lauch auf.
Du, Ištar, zerbrachst sie ständig wie die *a.*-Pflanze ihres *e.*,
wie Koriander mits[amt dem Sam]en(?) verzehrtest du sie und
    vernichtetest sie völlig.
Sobald du sie mit reinen Prachtgewän[dern] kleidest, verunreinigst du
    den einen,
den anderen aber, obwohl rein, vernachlässigst du.
Den einen bringst du her und erhöhst ihn wie einen Turm,
den anderen aber holst du heraus aus seinem eigenen Bau(?) . . .
Du, Ištar, machst in dieser Weise die Männer fertig . . .

Auch für diesen Hymnus ist anzunehmen, daß er in Ḫattuša keine kultische Funktion mehr hatte, sondern aus literarisch-theologischem Interesse tradiert wurde. Diese Annahme wird vor allem dadurch gestützt, daß der Text zusammen mit der Erzählung vom Sonnengott, der Kuh und dem Fischer[34] auf einer und derselben Tafel niedergeschrieben wurde. Da ein inhaltlicher Zusammenhang allenfalls vage, ein funktionaler ganz auszuschließen ist, hat man zu Recht von einer "Sammeltafel" gesprochen,[35] wie sie auch sonst in den Bibliotheken von Ḫattuša begegnen.[36]

---

34 Bearbeitungen: Friedrich 1950, Hoffner 1981; neuere Übersetzungen: Pecchioli Daddi / Polvani 1990, Hoffner 1990.

35 Hoffner 1981, Güterbock 1984.

36 Mascheroni 1988.

Da der Ištar-Hymnus CTH 717 zumindest eine Phase seiner Textgeschichte im hurritischen Raum erfahren hat, ist zu fragen, ob die Gattung des Hymnus in der uns überlieferten hurritischen Literatur vertreten ist. Die Antwort auf diese Frage ist nicht leicht, da die einsprachig-hurritischen religiösen Texte aus Ḫattuša - dem Hauptfundort für religiöse Texte in hurritischer Sprache überhaupt - trotz mancher Fortschritte der jüngsten Zeit immer noch weithin unverständlich sind. Immerhin ist deutlich geworden, daß einige dieser Texte Gebete sind,[37] in denen die Anrede der Gottheit anscheinend im Verhältnis zur Gesamtlänge sehr knapp ausfällt, so daß kaum von einer hymnischen Einleitung, sondern nur von hymnischen Elementen die Rede sein kann. Eines dieser Gebete[38] ist in der Zeit Tutḫalijas III. (um 1360 v.Chr.) verfaßt worden und steht damit in einer zeitlichen Nähe zur Blütezeit der mittelhethitischen Gebetsliteratur, die aber - wie wir gesehen haben - außer dem schon ausführlich gewürdigten Sonnenhymnus babylonischer Inspiration und den reinen Übersetzungen aus dem Sumerischen und Akkadischen keine hethitische Hymnik hervorgebracht hat. Auch das bekannte Gebet des Königspaares Arnuwanda und Ašmunikkal betreffs der Verwüstung nordanatolischer Kultstätten durch die Kaškäer,[39] das in dieser Epoche entstanden ist, kommt nach einer knappen Einleitung, die wahrscheinlich dem Brief- und Erlaßformular entnommen ist, sofort zur ausführlichen Darlegung des Anliegens des Beters.

Innerhalb der hurritischen Rituallliteratur läßt sich aber in der Tat ein kurzer Hymnus auf den Wettergott nachweisen, und zwar in dem *itkaḫi* (zu hurr. *itki* "rein") genannten Ritual, dessen älteste uns vorliegende Niederschrift in der späten Regierungszeit Arnuwandas und Ašmunikkals bzw. unter dem folgenden Königspaar Tutḫalija III. und Taduḫepa im frühen 14. Jh. entstanden ist. Die genaue Funktion des Rituals ist noch nicht bekannt. Es wurde von einem Beschwörungsspezialisten ([LÚ]AZU) für den Prinzen Tašmi-šarri durchgeführt, der unter dem Namen Tutḫalija (III.) König wurde. Zweimal in den erhaltenen Teilen der ursprünglich mehr als 14 Tafeln umfassenden Serie spricht der Beschwörer die folgenden Worte:[40]

[... DINGIR].MEŠ *Teššob eġli=ve šubri=ve š[arr(i)=i̯(a)=až]*
  *en(i)=n(a)=až=(v)e *
*everni eže=ne=ve šarri ev[erni] ḫavurun=ne=ve *
everni šii̯e=n(a)=až=(v)e eni=ma šarr(i)=i̯(a)=až
  *faban=n(a)=až=(v)e *

37 Wilhelm 1991.
38 Haas 1984, Nr. 41.
39 von Schuler 1965, 152-167.
40 Haas 1984, Nr. 1 Rs. 8'-14' // Nr. 3 Rs. 1-5.

eni en(i)=n(a)=až=(v)e šarr(i)=i̯(a)=až everni [. . . \]
*tež=uĝ=ar=ĝe=n(a)=až=(v)e šarri ever[ni] omin(i)=n(a)=až=(v)e *

[König der Gött]er(?), Teššup der Rettung(?) (und) des . . ., König der
  Götter!
Herrscher der Erde, König, Herrscher des Himmels!
Herrscher der Flüsse, Gott, König der Gebirge!
Gott, König der Götter, Herrscher der . . .,
König der . . ., Herrscher der Länder!

Das Resümee unserer Untersuchung der Hymnen der Hethiter kann in Hinsicht auf die Frage, ob dabei ererbte indogermanische Traditionen fortwirken,
nur negativ ausfallen: Die Hethiter kannten keine Hymnik, die aus dem indogermanischen Kulturraum, dessen Sprache sie bewahrt haben, ableitbar wäre.
In althethitischer Zeit pflegten sie einheimische Kulte und Riten hattischer
Herkunft, in denen vereinzelt kurze Götteranrufungen hymnischen Charakters
vorgeschrieben waren. Schon in alt-, vor allem aber seit der mittelhethitischen
Zeit, also seit etwa 1400 v.Chr., rezipierten hethitische Schreiber sumerische
und akkadische Gebete mit hymnischen Einleitungen, verwendeten sie im
Schulunterricht, übersetzten einige davon ins Hethitische und komponierten
mit babylonischem Material einen hethitischsprachigen Hymnus an den Sonnengott, der schon in mittelhethitischer Zeit, aber auch noch von Muršili II.
um 1300 v.Chr. verschiedenen Gebeten vorangestellt wurde. Auch aus der hurritischen Literatur, die ihrerseits dem mesopotamischen Heimatland der Keilschriftkultur verpflichtet ist, wurde ein Hymnus ins Hethitische übersetzt, und
in einem hurritischen Ritual läßt sich eine Gottesanrufung in hurritischer Sprache nachweisen, die hymnische Elemente zeigt.
    Es gibt also in der Literatur der Hethiter Zeugnisse sowohl für die hymni-
sche Anrufung der Gottheit im Rahmen eines hattischen Kultrituals, eines
hethitischen Bitrituals, eines hurritischen kathartischen Rituals und dazu die
gelehrte und schulmäßige Rezeption sumerisch-akkadischer Hymnen. Zu einer
eigenen hethitischen Hymnik sind die solchermaßen disparaten Quellen jedoch
nicht zusammengewachsen.

Bibliographie:

CAD   Chicago Assyrian Dictionary
CTH   E. Laroche, Catalogue des textes hittites, Paris 1971.
KBo   Keilschrifttexte aus Boghazköi
KUB   Keilschrifturkunden aus Boghazköi

Archi Alfonso 1977, I poteri della dea Ištar ḫurrita-ittita, Oriens Antiquus 16, 297-311.

Ders. 1983, Die Adad-Hymne ins Hethitische übersetzt, Orientalia n.s. 52, 20-30.

Borger Rykle 1975, Handbuch der Keilschriftliteratur II, Berlin.

Carruba Onofrio 1983, Saggio sulla preghiera etea (a proposito di CTH 376), in: O. Carruba e.a. (Hrg.), Studi orientalistici in ricordo di Franco Pintore (Studia Mediterranea 4), Pavia, 3-27.

Cooper Jerrold S. 1972, Bilinguals from Boğazköi. II, Zeitschrift für Assyriologie 62, 62-81.

Ebeling Erich 1954, Ein Hymnus auf die Suprematie des Sonnengottes in Exemplaren aus Assur und Boğazköi, Orientalia n.s. 23, 209-216.

Friedrich Johannes 1950, Churritische Märchen und Sagen in hethitischer Sprache, Zeitschrift für Assyriologie 49, 213-255.

Ders. 1954, Göttersprache und Menschensprache im hethitischen Schrifttum, in: Sprachgeschichte und Wortbedeutung, Fs. Albert Debrunner, Bern, 135-139.

Ders. 1954/55, "Angst" und "Schrecken" als niedere Gottheiten bei Griechen und Hethitern, Archiv für Orientforschung 17, 148.

Furlani Giuseppe/Heinrich Otten 1957-71, Gebet und Hymne in Ḫatti, in: Reallexikon der Assyriologie 3, Berlin, 170-175.

Goetze Albrecht 1969, Hittite Myths, Epics and Legends, in: J.B. Pritchard (Hrg.), Ancient Near Eastern Texts Relating to the Old Testament, Princeton 1969[3], 120-128.

Güterbock Hans Gustav 1958, The Composition of Hittite Prayers to the Sun, Journal of the American Oriental Society 78, 237-245.

Ders. 1964, Religion und Kultus der Hethiter, in: G. Walser (Hrg.): Neuere Hethiterforschung (Historia Einzelschriften 7), Wiesbaden, 54-73.

Ders. 1978, Hethitische Religion, in: W. Röllig (Hrg.), Altorientalische Literaturen (Neues Handbuch der Literaturwissenschaft Bd. 1), Wiesbaden, 211-253.

Ders. 1980, An Addition to the Prayer of Muršili to the Sungoddess and its Implications, Anatolian Studies 30, 41-50.

Ders. 1984, A Hurro-Hittite Hymn to Ishtar, in: J.M. Sasson (Hrg.), Studies in Literature from the Ancient Near East . . . dedicated to Samuel Noah Kramer (American Oriental Series 65), New Haven, 155-164.

Gurney Oliver R. 1940, Hittite Prayers of Muršili II, University of Liverpool, Annals of Archaeology and Anthropology 27, 3-163.

Haas Volkert 1984, Die Serien itkaḫi und itkalzi des AZU-Priesters, Rituale für Tašmišarri und Tatuḫepa sowie weitere Texte mit Bezug auf Tašmišarri (Corpus der hurritischen Sprachdenkmäler I/1), Roma.

Hoffner Harry A. Jr. 1981, The Hurrian Story of the Sungod, the Cow and the Fisherman, in: M.A. Morrision/D.I. Owen (Hrg.), Studies on the Civilization and Culture of Nuzi and the Hurrians in Honor of E.R. Lacheman, Winona Lake, 189-194.

Ders. 1990, Hittite Myths (Society of Biblical Literature, Writings from the Ancient World, Vol. 2), Atlanta.

Houwink ten Cate Philo H. J./Josephson, Folke J. 1967, Muwatallis' Prayer to the Storm-God of Kummanni (KBo XI 1), Revue hittite et asianique 25 fasc. 81, 101-140.

Janowski Bernd 1989, Rettungsgewißheit und Epiphanie des Heils. Das Motiv der Hilfe Gottes "am Morgen" im Alten Testament und im Alten Orient, Band I: Alter Orient, Neukirchen-Vluyn.

Kammenhuber Annelies 1976, Orakelpraxis, Träume und Vorzeichenschau bei den Hethitern (Texte der Hethiter 7), Heidelberg.

Klinger Jörg/Erich Neu 1990, War die erste Computer-Analyse des Hethitischen verfehlt?, Hethitica 10, 135-160.

Kühne Cord 1980, Bemerkungen zu einem hattischen Textensemble, Zeitschrift für Assyriologie 70, 93-104.

Lambert Wilfred G. 1975, Babylonian Wisdom Literature, Oxford 1975[3].

Laroche Emmanuel 1964, Un hymne trilingue à Iškur-Adad, Revue d'Assyriologie 58, 69-78.

Lebrun René 1980, Hymnes et prières (Homo religiosus 4), Louvain-la-Neuve.

Marazzi Massimiliano/Helmuth Nowicki 1978, Vorarbeiten zu den hethitischen Gebeten (CTH 372, 373, 374), Oriens Antiquus 17, 257-278.

Mascheroni Lorenza M. 1988, A proposito delle cosidette *Sammeltafeln* etc, in: F. Imparati (Hrg.), Studi di storia e di filologia anatolica dedicati a Giovanni Pugliese Carratelli (Eothen 1), Firenze, 131-145.

Neu Erich 1980, Althethitische Ritualtexte in Umschrift (Studien zu den Boğazköy-Texten 25), Wiesbaden.

Orthmann Winfried 1975, Der Alte Orient (Propyläen Kunstgeschichte Bd. 14), Berlin.

Pecchioli Daddi Franca/Anna Maria Polvani 1990, La mitologia ittita (Testi del Vicino Oriente antico 4/1), Brescia.

Pinches Theophile G. 1928, The Chariot of the Sun at Sippar (Abu-Habbah) in Babylonia, Journal of the Transactions of the Victoria Institute 60, 132-133.

Reiner Erica/Hans Gustav Güterbock 1967, The Great Prayer to Ishtar and its two Versions from Boğazköy, Journal of Cuneiform Studies 21, 255-266.

Salonen Armas 1951, Die Landfahrzeuge des Alten Mesopotamien (Annales Academiae Scientiarum Fennicae Ser. B, 72,3), Helsinki.

von Schuler Einar 1965, Die Kaškäer. Ein Beitrag zur Ethnographie des Alten Kleinasien (Untersuchungen zur Assyriologie und Vorderasiatischen Archäologie 3), Berlin.

Seux Marie-Joseph 1976, Hymnes et prières aux dieux de Babylonie et d'Assyrie, Paris.

Süel Aygül 1985, Hitit kaynaklarında tapınak görevlileri ilgili bir direktif metni [Ein die Tempelbeamten in hethitischen Quellen betreffender Instruktionstext], Ankara.

Ünal Ahmet 1991, Hethitische Hymnen und Gebete, in: O. Kaiser (Hrg.), Texte aus der Umwelt des Alten Testaments, Bd. II/6, Gütersloh, 791-817.

Wegner Ilse 1981, Gestalt und Kult der Ištar-Šawuška in Kleinasien (Hurritologische Studien III - Alter Orient und Altes Testament 36), Kevelaer/Neukirchen-Vluyn.

Wilhelm Gernot 1988, Neue akkadische Gilgameš-Fragmente aus Ḫattusa, Zeitschrift für Assyriologie 78, 99-121.

Ders. 1991, Zur hurritischen Gebetsliteratur, in: D. R. Daniels e.a. (Hrg.), Ernten, was man sät. Festschrift Klaus Koch, Neukirchen, 37-47.

Eva Tichy

INDOIRANISCHE HYMNEN

0.1. Aussagen über indoiranische Hymnen können sich, dank jahrhundertelanger mündlicher Überlieferung, auf ein reiches und vielfältiges Belegmaterial stützen. Im wesentlichen stehen uns zwei Textcorpora zur Verfügung: einerseits der Ṛgveda, eine Sammlung altindischer, genauer gesagt vedischer Strophenlieder im Umfang von insgesamt 10462 Strophen (so lang wie Ilias und Odyssee zusammen[1]); andererseits das erhaltene Viertel des ostiranischen Avesta, das immer noch einen stattlichen Band füllt.[2] Das ṛgvedische Strophenlied - auch "Ṛgvedahymnus" genannt - ist allerdings weder in der formalen noch in der inhaltlichen Struktur auf spezifische Merkmale der Gattung Hymnus festgelegt. Eine eigene, von anderer religiöser Literatur durch strukturelle Eigentümlichkeiten abgegrenzte Gattung bilden hingegen die nachzarathustrischen, in jungavestischer Sprache verfaßten Yašts, d.h. "Verehrungen".

Um den Schwierigkeiten zu entgehen, die die Materialfülle mit sich bringt, könnte man also die Yašts in den Vordergrund stellen und anderes, wenn überhaupt, nur am Rande erwähnen. Auf diese Weise würde jedoch eine Gruppe bemerkenswerter Sonderfälle ins Licht gerückt, während der Hintergrund dunkel bliebe - ein Verfahren, das zu kurz greift, um der Sache gerecht zu werden. Wenn wir von indoiranischen Hymnen sprechen, sollten wir auch von den Möglichkeiten der Indoiranistik Gebrauch machen, die ihrem Gegenstand und ihrer Methode nach eine vergleichende Sprach- und Literaturwissenschaft darstellt. Ich meine: Unsere Aufgabe besteht gerade darin, durch Vergleich altindischer und altiranischer Texte den Hintergrund zu erhellen, vor dem die

---

1 Vgl. Geldner 1951-1957; statistische Angaben nach Gonda 1975, 8 f. In diesem Beitrag verwendete Abkürzungen sind wie folgt aufzulösen: RV = Ṛgveda; Y. = Yasna, YH = Yasna Haptaŋhāiti, Yt. = Yašt.
2 Vgl. Wolff 1910.

Besonderheiten der avestischen Yašts erst klare Konturen gewinnen. Hinweise auf nicht erhaltene Vorläufer - die kultgebundene Dichtung und Prosa der urindoiranischen oder gar der urindogermanischen Sprachepoche - sollte man nicht leichthin übergehen.

0.2. Damit die Darstellung nicht ausufert, will ich deshalb von einer anderen Einschränkung Gebrauch machen: der Begriff "Hymnus" sei so eng wie möglich gefaßt.

Im folgenden verstehe ich unter Hymnus einen in sich abgeschlossenen Text, dessen inhaltlicher Aufbau sich aus der Aneinanderreihung dreier Bauelemente ergibt:

I.   einer Absichtserklärung oder Aufforderung des Inhalts "wir verehren . . .", "ich will verkünden . . .", "preist . . . !" o.ä.;

II.   Aussagen über eine Einzelgottheit oder eine stets gemeinsam auftretende Göttergruppe, an die der Hymnus gerichtet ist;

III.   der abschließenden Bitte um Schutz oder Hilfe, die im indoiranischen Bereich selten fehlt und öfters sorgfältig vorbereitet ist.

Beiseite bleiben demnach Lieder oder Prosalitaneien zur Verehrung mehrerer Gottheiten nacheinander, vor allem aber Opfereinladungen und Gebete, die eine Gottheit als Gesprächspartner voraussetzen (nicht, wie der Hymnus, nur als Zuhörer) - wenn auch gelegentlich darauf hinzuweisen sein wird, daß diese Textgattungen ebenfalls hymnenartige Partien enthalten.

0.3. Indoiranische Opfereinladungen, Gebete und Hymnen liegen, aufs Ganze gesehen, in zwei Formen vor, als Strophenlied und in kolometrisch gegliederter Prosa. Für das Folgende ist dadurch eine Zweiteilung vorgegeben.

Zunächst soll, als Ausgangspunkt für weitere Bemerkungen, ein Ṛgvedahymnus besprochen werden. Im Mittelpunkt des zweiten Abschnitts wird dann ein Prosatext stehen, der als Bestandteil eines der sog. großen Yašts, also als Hymnus im Hymnus überliefert ist. In geographischer Hinsicht bewegen wir uns somit vom Panjāb nach Ostiran, chronologisch vom Ende des zweiten Jahrtausends zur Mitte des ersten Jahrtausends v. Chr. .

1.1. Ṛgvedalieder waren zur Rezitation beim Opfer bestimmt. Zum Teil konnten sie auch gesungen werden; auf musikalische Begleitung weist indes nichts hin.[3]

---

3 In der Strophe RV X 135, 7, die das Weiterleben im Jenseits beschreibt, können zwei verschiedenartige Darbietungen gemeint sein: "Yamas Wohnsitz ist das hier, was man das Gebäude der Götter nennt; hier wird seine Rohrflöte (nāḍī -) geblasen, hier ist er mit Lobliedern geschmückt".

In der Regel bestehen diese Lieder aus vierzeiligen Strophen in gleichbleibendem Metrum. Die Metrik ist silbenzählend, in bestimmten Verspositionen zusätzlich quantitierend. Zu den häufigsten Strophenformen zählt die Kombination von vier Elfsilblern, jeweils mit einer variablen Mittelzäsur nach der vierten oder fünften Silbe, gefolgt von zwei Kürzen, und trochäischer Kadenz (Triṣṭubh). Als Beispiel soll die Anfangsstrophe eines Liedes dienen, das an den Heldengott Indra gerichtet ist:[4]

RV II 15, 1   *prá ghā nₐv àsya   maható mahāni*
               satyā satyásya   káraṇāni vocam /
               tríkadrukeṣₐv   apibat sutásyā-
               -ₐsyá máde   áhim índro jaghāna //

Was die Silbenzahl, die charakteristische Doppelkürze und die trochäische Kadenz angeht, stimmt der vedische Elfsilbler mit dem sapphischen Elfsilbler überein, der in dreizeiligen, am Ende um einen Kurzvers erweiterten Strophen auftritt:[5]

Sappho 1, 21   καὶ γὰρ αἰ φεύγει, ταχέως διώξει . . .

So gesehen, stellt unser Hymnus an Indra eine Entsprechung zu Sapphos Gebet an Aphrodite dar. Im Unterschied zum griechischen Gegenstück handelt es sich freilich um ein Durchschnittserzeugnis, sowohl was die - gekonnte - Handhabung formaler und stilistischer Techniken als auch was das inhaltliche Defizit angeht. Die Länge von zehn Strophen entspricht ebenfalls dem ṛgvedischen Durchschnitt.

---

4 Im überlieferten Text nicht bezeichnete, aber aus dem Metrum restituierbare Vokale sind tiefgestellt. Ein vedisches *e* oder *o* gilt als Länge, ausgenommen die Fälle, in denen Hiatkürzung eintritt (*máde áhim*).

5 Vgl. z.B. West 1982, 2-4, 29-33. Im sapphischen Elfsilbler ist die Mittelzäsur variabel, die Doppelkürze hingegen auf die Position nach der fünften Silbe festgelegt.

1 Laut will ich nun seine, des Großen, Großtaten,
die wahren Taten des Wahren verkünden.
Bei den (Hochwassern) mit drei Somaseen[6] trank er vom Ausgepreßten.
In diesem Rausch hat Indra die Schlange getötet.

2 Ohne Balken stützte er den hohen Himmel,
beide Welthälften füllte er aus und den Luftraum.
So hat er die Erde befestigt und sollte sie ausbreiten.
Im Somarausch hat Indra das getan!

3 Wie einen Wohnsitz hat er die Himmelsrichtungen (?) mit Gebäuden
erbaut.
Mit der Keule bohrte er Spundlöcher für die Flüsse;
nach Lust ließ er sie ausströmen auf weitläufigen Wegen.
Im Somarausch hat Indra das getan!

4 So hat er die Entführer des Dabhīti eingeholt,
ein Feuer entzündet und all ihr (Zauber)gerät verbrannt.
Mit Rindern, Rossen und Wagen versah er ihn.
Im Somarausch hat Indra das getan!

5 So brachte er den Großen, Rauschenden in seinem Lauf zum Stillstand;
so führte er sie[7] heil hindurch, ohne daß sie untertauchten.
Da sind sie, herausgestiegen, auf Reichtum ausgezogen.
Im Somarausch hat Indra das getan!

6 So ließ er den Indus nach Norden fließen in seiner Größe.
Mit der Keule hat er den Karren der Morgenröte zerschmettert,
als er ihr langsames Gespann mit seinem schnellen[8] spaltete.
Im Somarausch hat Indra das getan!

---

6 Zur Interpretation des Problemwortes *tríkadruka-* sind inhaltlich vergleichbare Ṛgvedastellen herangezogen. Einerseits RV V 29, 7.8: Indra trank zur Vṛtratötung drei "Überschwemmungsseen" (*sáras-*) voll ausgepreßten Soma auf einmal aus. Andererseits VIII 45, 24-26: Indra soll wie ein Büffel das *sáras-* austrinken, der Vṛtratöter; in mythischer Vorzeit trank er "bei dem tausendarmigen" (wohl: Hochwasser, *samudrá-*) Soma aus der *kadrū-*, dann zeigte er seine Kraft. Nach Aussage der genannten Vergleichsstellen bezeichnet das substantivierte Adjektiv *kadrū-* f. ("die Braune") wie *sáras-* einen Überschwemmungs- bzw. Somasee. In dieser Bedeutung dient es als Grundwort des Zahlwortkomplexivbahuvrīhis *trí-kadru-ka-*, gebildet wie *trý-àmba-ka-* "der drei Mütter hat".

7 Die Namen der Begünstigten sind aus anderen Indraliedern bekannt: Turvaśa und Yadu.

8 Wörtlich: "Nicht-Schnelle (fem.) mit Schnellen (fem.)". Der Dichter liebt es, an Stelle eines im Kontext erwarteten Substantivs ein substantiviertes Adjektiv ohne Bezugswort zu verwenden.

7 So hat er, der das Versteck der jungen Mädchen kannte -
zum Vorschein kommend, erhob sich der Ausgesetzte;
der Lahme faßte Fuß, der Blinde sah um sich -
im Somarausch hat Indra das getan!

8 Aufgebrochen hat er die Höhle (valá-), von den Aṅgiras' besungen;
die Befestigungen des Berges ließ er auseinandergehen.
Leergelassen hat er ihre mit Werkzeug geschaffenen Wälle.
Im Somarausch hat Indra das getan!

9 Als du Cumuri und Dhuni mit Schlaf bedeckt hattest,
hast du den Feind geschlagen; dem Dabhīti halfst du weiter.
Auch wer am Stock ging, hat da Gold gefunden.
Im Somarausch hat Indra das getan!

10 Möchte jetzt dieser dein freigebiger Opferlohn, Indra,
dem Lobsänger nach Wunsch Ertrag bringen.
Setz dich für deine Lobpreiser ein! Laß das Glück nicht an uns vorbei-
gehen!
Möchten wir mit guten Männern bei der Verteilung das große Wort
führen.

Das Lied beginnt mit der Absichtserklärung "ich will nun verkünden" (*prá ghā nú . . . vocam*); als Objekt der Bedeutung "seine Taten" dienen zwei attri-butive Fügungen mit Wortwiederholung und chiastischer Stellung (*maható mahắni*, sc. *kárạnāni*; *satyắ satyásya kárạnāni*). Der Name des Gottes wird, wie häufig, erst im weiteren Verlauf nachgetragen. Es folgt eine Aufzählung von Indras Taten, stilistisch vom Parallelismus geprägt. Jede Strophe ist in sich abgeschlossen; am Ende steht von Strophe 2 bis 9 der Refrain *sómasya tá máda índraś cakāra* "im Somarausch hat Indra das getan", am Anfang der Strophen 4 bis 7 obendrein das betonte anaphorische Pronomen *sá* "als solcher, unter diesen Umständen, so". Ein derart hervorgehobener strophischer Aufbau läßt keine fortlaufende Erzählung zu. Der Dichter erzählt nicht, auch wenn er in der Regel das Erzähltempus Imperfekt verwendet; er ruft nur in Erinnerung, was seinen Zuhörern ohnehin bekannt war.

Auf Indras berühmteste Heldentat - die Tötung der Schlange Vṛtra, die quer zu den Berghängen dalag und die Flüsse aufstaute - wird an zwei verschiede-nen Stellen verwiesen: gleich zu Anfang, noch vor der Himmel-Erde-Trennung - die auch anderen Gottheiten zugeschrieben wird -, und dann nochmals in der dritten Strophe. Hilfeleistungen für den Schützling Dabhīti sind in Strophe 4 und 9 erwähnt, kaum zufällig nach Anspielungen auf den Vṛtra- und den ähn-lich strukturierten Valamythos. Wie andere, in diesem Lied anonym bleibende Beispiele steht auch der Name Dabhīti für Indras Hilfsbereitschaft in der Not (der nicht weniger charakteristische Jähzorn wird nur mit einem Fall belegt). Von der Aussage "dem Dabhīti halfst du weiter" - bereits an die 2. Person ge-richtet - führt also ein gerader Weg zu der abschließenden Bitte, die aus dem

Lied nicht wegzudenken ist, auch wenn die betreffende Schlußstrophe im zweiten Buch des R̥gveda mehrfach vorkommt und demnach einen Bestandteil der dichtersprachlichen Tradition darstellt.

1.2.0. Um über den Einzelfall hinaus ein halbwegs zutreffendes Gesamtbild zu vermitteln, muß nun noch die Variationsbreite angegeben werden. Neben Varianten der Bauelemente, vor allem der einleitenden Absichtserklärung bzw. Aufforderung und des Hauptteils - zur Schlußstrophe ist das Nötige gesagt - sind die Varianten der Gattung zu nennen: Er-Stil, Du-Stil und Ich-Stil bzw. Selbsthymnus. Den Abschluß des ersten, dem Strophenlied gewidmeten Abschnitts wird dann der Verweis auf eine nahe iranische Entsprechung bringen.

1.2.1. Zum Hymnenanfang sind - um nur die auffälligsten Besonderheiten zu nennen - drei Anmerkungen notwendig.

Erstens: An die Stelle des einleitenden "ich will verkünden" bzw. "preist!" kann ein Zwischensatz des Inhalts "hiermit haben wir dich gepriesen" o.ä. treten, der vom Hauptteil zur abschließenden Bitte überleitet. Die beiden Bauelemente mit aktuellem Bezug (Sprecherbezug) werden einer zwingenden Gedankenführung zuliebe nebeneinandergesetzt. In dem Lied RV II 19 geschieht dies gleich zweimal, worauf dann noch die traditionelle Schlußstrophe folgt; die Strophenfolge lautet in verkürzter Wiedergabe:

7 So haben wir für dich, Indra, eine Lobrede ins Rennen geschickt . . . .
   Möchten wir diesen Freundschaftsdienst erlangen . . . :
   Drücke das Geschoß des gottlosen Lästerers zu Boden!

8 So haben dir die Gr̥tsamadas ein Gedicht verfertigt . . .
   Möchten die Betenden, Indra, aufs neue deine Stärkung . . . erlangen.

9 Möchte jetzt dieser dein freigebiger Opferlohn, Indra, dem Lobsänger nach Wunsch Ertrag bringen. Usw. (s.o. 1.1).

Als Überleitung zwischen Hauptteil und Schluß dient auch die Aussage "Diese deine Tat . . . muß man preisen" RV II 22, 4. Die Zweckbestimmung eines Hymnus kann aber auch noch auf andere Weise zum Ausdruck gebracht werden: im Falle von RV II 13 schließen alle Strophen des Hauptteils mit den Worten *sás̥y ukth̥yàs* "als solcher bist du preiswert", d.h. "dafür muß man dich preisen".

Zweitens: Bisweilen legt ein Dichter Wert auf die Feststellung, daß sein Gedicht "neu" ist. Ein "neues Lied"[9] ist für die Zeit des Ṛgveda ein besonders wirksames Lied, das den Gott am meisten erfreuen, stärken und zur Tätigkeit anfeuern wird. RV I 143, 1:

Eine neue, besonders starke Dichtung trage ich dem Agni vor,
ein Liedgedicht dem Sohn der Kraft.

Mit keinem geringeren Nachdruck wird allerdings festgestellt, daß ein gleichartiges - wenn nicht dasselbe - Lied schon in mythischer Vorzeit seine Wirksamkeit bewiesen hat: RV II 17, 1

Singt ihm dies aufs neue nach Art der Aṅgiras,
daß sich sein Ungestüm wie seinerzeit erhebt,
als er all die verschlossenen, befestigten Viehställe
im Somarausch mit Kraft in Bewegung brachte.

Tradition und Neuerung schließen einander nicht aus. Der Inhalt eines Ṛgvedaliedes ist grundsätzlich traditionsgebunden, in der sprachlichen Gestaltung wird das Neue gesucht - mit dem Ergebnis einer homerischen Mischung von Archaismen, Neologismen und unklaren Hapax legomena.

Drittens: Die Aufforderung "preist!" kann sich ausdrücklich an die Priesterfamilie richten, der der jeweilige Liedverfasser angehört (bzw. nach der Tradition angehört haben soll). Eine Selbstaufforderung des Dichters kann ebenfalls mit Namensnennung verbunden sein. So beginnt Nodhas aus der Familie der Gotamas ein Lied an die Maruts - jugendliche Sturmgötter und in dieser Eigenschaft zugleich Indras Gefolgschaft - mit den Worten

Der hünenhaften, kampfgewohnten, treuen Schar
trage, Nodhas, ein schönes Lied vor, den Maruts!
Wie der Kundige, handwerklich Geschickte mit Verstand sein Werk,
so schmücke ich meine Loblieder, die bei den Verteilungen hilfreich
    sind (RV I 64, 1).

---

9 Vgl. Gonda 1941, bes. 277 ff. (vedische Belege) und 287 o.: ". . . in der magisch-religiösen Sphäre repräsentiert das Neue die frische Begeisterung und die Wiederbelebung des Alten und Wahren, die immer notwendige Erneuerung und Kräftigung der Mächte, von denen der Mensch sich abhängig weiß."

86

Am Elitebewußtsein der Dichter, die als "Seher" bei Bedarf ein Ṛgvedalied "erschauten", ist nicht zu zweifeln. Priester und Intellektuelle zugleich, müssen sie zu ihrer Zeit höchstes Ansehen genossen haben.[10]

1.2.2. Das eben zitierte Lied an die Maruts, RV I 64, begnügt sich auch im Hauptteil nicht mit einer bloßen Aufzählung von Taten. Gegenüber dem in dieser Hinsicht einseitigen Indralied II 15 kommen noch zwei Elemente hinzu: bleibende Eigenschaften und Geburtsgeschichte. Nodhas fährt fort:

2   Sie sind geboren als die hohen Jungstiere des Himmels,
    Rudras junge Leute, die fehlerlosen Asuras,
    rein, leuchtend hell wie Sonnen,
    wie Kämpfer tropfnaß, von furchterregendem Aussehen.

3   Die jungen, alterslosen Rudras . . . sind herangewachsen wie Berge . . .

Herkunft, Eigenschaften und Taten werden sprachlich durch attributive Substantiva und Adjektiva - speziell Nominalkomposita, die im Vedischen nahezu unbegrenzt bildbar sind -, Relativsätze oder Hauptsätze bezeichnet. Alle diese syntaktischen Formen neigen zur Reihenbildung. Sie können aber, gerade zu Anfang des Hauptteils, auch nach Behaghels Gesetz der wachsenden Glieder angeordnet sein. Die Anfangsstrophen des Liedes RV IV 22 belegen z.B. die Abfolge: adjektivische Attribute - Relativsätze und Partizipialkon- struktionen (mit Überbrückung zweier Strophenschlüsse!) - Hauptsätze und -satzgefüge.[11]

1   Was Indra von uns gern annimmt und was er wünscht,
    dazu soll der Große, der Ungestüme uns auch verhelfen:
    Gebet, Preislied, Soma, Lobreden - der Freigebige,
    der mit Kraft die Steinkeule umherträgt;

2   der den hünenhaft gefügten Vierkant schleudernde Hüne,
    mächtig mit beiden Armen, größter Held, hilfreich,
    zum Erfolg in graue Wolle gekleidet,
    deren Streifen er sich zur Gefolgschaft umgelegt hat;[12]

---

10 Vgl. Gonda 1975, 65-78.

11 Vgl. unten 2.2; Hinweise auf Einzelstrophen bei Gonda 1975, 223 mit Anm. 23. Zu unserem Beispiel s. Geldner 1951-1957, I 447 f.; Hoffmann 1967, 186 ff.

12 Hinter dem Bild der grauen Wolkenfetzen verbirgt sich das Bild der Maruts, die Indra Gefolgschaft leisten.

3   der Gott, der, zum höchsten Gott geboren,
groß durch Siege und durch großes Ungestüm,
als er die willige Keule in beide Arme nimmt,
den Himmel durch seine Angriffskraft erzittern läßt und die Erde.

4   Alle Wälle und die vielen Hänge,
der Himmel erzittert vor dem Hohen bei seiner Geburt, die Erde.
Wenn der Ungestüme von dem Rind die Eltern hinwegholt (?),
brüllen ringsum wie Männer die Winde.

Nur am Rande seien hier noch zwei Möglichkeiten erwähnt, den Hauptteil eines Hymnus mit Leben zu füllen: Naturschilderung und wörtliche Rede.

Lieder an Agni, an Uṣas oder an die Maruts, die beim Feuerreiben, beim Kommen der Morgenröte oder beim Aufziehen eines Sturmes rezitiert wurden, sind bis zu einem gewissen Grade vom aktuellen Geschehen angeregt. Unter diesen Bedingungen verschwimmen die Grenzen zwischen Hymnus, Naturlyrik und Gebet - oft mit herausragendem Ergebnis.[13]

Auch die Einbeziehung wörtlicher Rede sprengt unter Umständen die Grenzen der Gattung, nämlich dann, wenn das gesamte Lied von Anfang bis Ende in dieser Form gehalten ist. Balladenartige "Dialoglieder" mythologischen Inhalts - ohne Frage die dichterischen Höhepunkte des Ṛgveda - sind zwar mit einiger Wahrscheinlichkeit aus Hymnen erwachsen,[14] selbst aber nicht mehr als Hymnen zu bezeichnen.[15]

1.2.3. Als Varianten der Gattung sind - die Dialoglieder nicht gerechnet - im Vedischen Er-Stil, Du-Stil und Selbsthymnus belegt. Das Gewöhnliche ist der Er-Stil; der Hauptteil eines vedischen Hymnus enthält in der Regel Aussagen in der 3. Person. Doch wird nicht selten für eine oder mehrere Strophen in den Du-Stil hinübergewechselt. Reiner Du-Stil, ohne Zwischenstrophen oder auch nur einzelne Zwischensätze im Er-Stil, bildet die Ausnahme.[16]

---

13 Vgl. z.B. RV I 58, II 4, VIII 43 (an Agni); I 48, I 124 (an Uṣas); I 64, II 34, V 54 (an die Maruts).

14 Indralieder enthalten bisweilen Episoden mit wörtlicher Rede: vgl. RV VIII 96, 5-9, 13-15.

15 Vgl. RV X 124 (Indra und Agni), I 165 (Indra und die Maruts), X 108 (Saramā und die Paṇis), III 33 (Viśvāmitra und die Flüsse); ferner die Partnerdialoge I 179 (Agastya und Lopāmudrā), X 10 (Yama und Yamī), X 95 (Purūravas und Urvaśī). Zum Verständnis dieser und weiterer Dialoglieder s. Gonda 1975, 199-210 m. Lit., zu X 95 besonders Hoffmann 1967, 198-208.

16 Vgl. einerseits RV I 63, andererseits IV 30 (an Indra).

Besondere Beachtung verdient in unserem Zusammenhang der Hymnus in der 1. Person, im Indischen *ātmastuti-* "Selbstpreisung" genannt; man könnte ebensogut "Selbsthymnus" übersetzen, da *stutí-* der Terminus für "Hymnus" ist. Hymnen dieses Typs bleiben, wie es scheint, immer der mächtigsten Gottheit vorbehalten, hinter der alle anderen Götter zurückstehen müssen. Im vedischen Pantheon, dem eine Inanna oder Ištar fehlt,[17] kommt diese unangefochtene Stellung dem Heldengott Indra zu.

Indra tritt in zwei aufeinanderfolgenden Liedern, die in die jüngste Schicht des Ṛgveda gehören, als alleiniger Sprecher auf.[18] Fast jeder Satz beginnt hier mit dem Personalpronomen *ahám* "ich" im Sinne von "ich war es, der das getan hat". Am Schluß des zweiten Liedes wird die Situation deutlich. Der Dichter fügt hinzu (X 49, 11):

So hat Indra Götter, Helden abgeschreckt
von sich durch sein Werk, der Freigebige, dessen Schenkung wahr wird.
All das von dir, hilfreicher Fahrer des Falbengespanns,
besingen die Starken, du im eigenen Glanz Strahlender.

1.3. Fassen wir zusammen: Ṛgvedalieder, die inhaltlich der Gattung Hymnus zuzurechnen sind, waren zur Rezitation beim Opfer bestimmt. Zusammen mit der Opfergabe sollten sie die angerufene Gottheit erfreuen, stärken und zu neuem Tun anregen. Hymnen dieser Art wurden von sozial hochgestellten "Sehern", die z.T. namentlich bekannt sind, für bestimmte Anlässe gedichtet; der handwerkliche und intellektuelle Anspruch ist unverkennbar. Sie wurden in Familienbesitz tradiert und schließlich im Ṛgveda gesammelt, weil man bestrebt war, wichtige Gottheiten wie Indra immer wieder auf andere Weise anzusprechen.

Ein Ṛgvedalied umfaßt im Durchschnitt zehn vierzeilige Strophen. Für Syntax und Stil ist die strophische Gliederung maßgeblich; Strophenanfänge werden bisweilen durch ein wiederkehrendes Anfangswort, Strophenschlüsse häufig durch Refrain betont.

1.4. Obwohl auf "Neuheit" der Formulierung Wert gelegt wird, handelt es sich offenkundig um traditionelle Dichtung - ein Eindruck, den das iranische Vergleichsmaterial überzeugend bestätigt. Phraseologische Übereinstimmungen mit dem Ṛgveda durchziehen das gesamte Avesta. Wichtiger noch: Die

---

17 Für sumerisch-akkadische Parallelen s. Falkenstein - von Soden 1953, 22 o., 67 f. bzw. 44 m., 239 f.

18 Den Ātmastutis RV X 48, 49 sind inhaltlich verwandte Dialoglieder an die Seite zu stellen: RV I 165 (Indra und die Maruts), IV 42 (Indra und Varuṇa).

Gattung "ṛgvedisches Strophenlied" hat ihre Entsprechung in den Gāthās des
Zarathuštra, in denen Hymnus, Gebet, religiöse Standortbestimmung und Per-
sönliches zu einer kaum entwirrbaren Einheit verschmolzen sind. In erster Linie ist hier Yasna 45 zu nennen.[19] Sechs Strophen dieses Liedes beginnen mit
den Worten *aṯ frauuaxšiiā* "ich will nun verkünden", die das avestische
Gegenstück zu der vedischen Absichtserklärung *prá ghā nú . . . vocam* darstellen.

6   Ich will nun verkünden den Allergrößten,
       ihn preisend aufgrund des Aṣa, der wohltätig ist für die Lebenden,
       mit heilvoller Absicht. Hören soll Mazdā Ahura . . .

Im Vergleich zum Ṛgveda zeigen die Gāthās, vom Inhalt abgesehen, mehrere formale Besonderheiten. Die Metrik ist silbenzählend, auf Quantitäten
wird nur in geringem Maße Rücksicht genommen.[20] Die Strophenform ist nur
in einem, freilich häufigen Fall vergleichbar (vier Elfsilbler, jeweils mit Zäsur
nach der vierten Silbe).[21] Refrain kommt nicht vor, dafür jedoch die Wiederholung einer gleichbleibenden Anfangszeile - ein Zug, der wiederum dem Ṛgveda fremd ist.

Wie es scheint, gehen alle Abweichungen aufs Konto des Iranischen.
Einerseits wird die vedische Metrik so weitgehend durch das Griechische
gestützt, daß sie auf direktem Wege, mit allenfalls geringen Veränderungen,
aus der urindogermanischen und weiter der urindoiranischen Metrik hervorgegangen sein dürfte. Andererseits ist die Wiederaufnahme einer gleichbleibenden Anfangszeile, wie hier nicht weiter ausgeführt werden soll, das grundlegende Strukturmerkmal der avestischen Prosalitanei (Y. 1, Y. 2, Y. 3 usw.).

Nicht der Prosalitanei, die wir durch eine enge Begriffsdefinition ausge-
schlossen haben, sondern dem Prosahymnus wollen wir uns nun für den Rest
der Zeit zuwenden. Prosahymnen, die inhaltlich klar von Gebeten, Opfersprü-
chen und Zauberliedern unterschieden sind, lassen sich wohl nur für die iranische Seite belegen. Im Avesta liegen drei Gattungsvarianten vor: die Kurzhymnen des Yasna Haptaŋhāiti, die rein liturgischen Zwecken dienen und in
ihrer Reihung einer Litanei nahestehen, der einteilige jungavestische Pro-

19 Vgl. Humbach 1959, I 124-127; 1991, I 163-167.
20 Vgl. jedoch Gippert 1986, 266-272: Dreisilbige Wortformen mit der Silbenstruk-
tur ⌣⌣x stehen vorzugsweise am Ende der siebensilbigen Halbverse.

21 Vgl. Gippert 1986, 273f., bes. 2.3.2: Im avestischen Elfsilbler scheinen erste und
zweite Vershälfte vertauscht zu sein. Die ursprüngliche Hauptzäsur nach der vierten
Silbe ist zu einer Nebenzäsur nach der achten Silbe geworden (xxxx ‖ ⌣⌣x | xxxx →
xxxx ‖ xxxx | ⌣⌣x).

sahymnus und die mehrteiligen, sog. großen Yašts.[22] Ich will diese Varianten der Reihe nach durchgehen, unter Bevorzugung eines einteiligen Prosahymnus, der im Rahmen des Fravardīn-Yašts überliefert ist.

2.1. Im Zentrum des altavestischen, mit einiger Wahrscheinlichkeit wie die Gāthās auf Zarathuštra selbst zurückgehenden Yasna Haptaŋhāiti - und damit im Zentrum der mazdayasnischen Liturgie - steht eine Anzahl von Kurzhymnen, die das Wort *yazamaidē* "wir verehren" enthalten.[23] Verehrt werden der Reihe nach Ahura Mazdā; das Beste Aša (d.h. die wahre Ordung, entsprechend dem vedischen *r̥tá-*); das Gute Denken und andere Qualitäten Ahura Mazdās; die Erde und die "Frauen" Ahura Mazdās (d.h. personifizierte Abstrakta im Genus femininum, die anschließend einzeln genannt sind); die Wasser; die Seele und der Gestalter der Kuh, die Seelen der Menschen und der Tiere, die Seelen der Ašaanhänger und schließlich die Ameša Speṇtas. Zwei Abschnitte sollen genügen, um einen Eindruck von Stil und Darstellungsart zu vermitteln.

YH 39, 2	Die Seelen der Ašaanhänger verehren wir nun,
	wo auch immer diese geboren sind,
	der Männer und Frauen.
	deren bessere Anschauungen
	siegen, siegen werden oder gesiegt haben;
im Original:	*ašāunąm āaṯ urunō yazamaidē*
	kudō.zātanąmcīṯ
	narąmcā nāirinąmcā
	yaēšąm vahehīš daēnā̊
	vanaiṇtī vā və̄ŋghən vā ⁺vaonarə vā.
3	Und so verehren wir nun
	die Guten (mask.) und Guten (fem.),
	die Heilvollen Unsterblichen,
	die ewig lebenden, ewig starken,
	die (mask.) auf seiten des Guten Denkens wohnen
	und die (fem.) gleichfalls.

Der stilistische Gegensatz zu den Gāthās, aber auch zum R̥gveda könnte kaum größer sein. Indoiranische Prosahymnen, einschließlich der Kurzhymnen

---

22 Die Yašts (und auch das Vīdevdād) sind partienweise in Achtsilblern gehalten. Insgesamt liegt jedoch weder ein durchlaufendes Metrum noch eine feste Strophenform vor; daher scheint es ratsam, von kolometrisch gegliederter Prosa zu sprechen. Vgl. unten 2.1 mit Anm. 24 sowie 2.3, vorletzter Abs. (Anleihen an profane Dichtung).

23 Vgl. Narten 1986, 42-45 und passim.

des Yasna Haptaŋhāiti, sind grundsätzlich anonym; die Textgattung hat nicht - auch nicht nebenbei - die Aufgabe, vom Können bestimmter individueller Verfasser Zeugnis abzulegen, sie beansprucht überindividuelle Gültigkeit. Danach richtet sich auch der Stil: in der Wortwahl wird das Selbstverständliche, in der Syntax die durchsichtige Konstruktion bevorzugt. Der Ausdruck will präzise und treffend sein. Im Extremfall wird, wie wir gesehen haben, sogar zwischen Genus maskulinum und Genus femininum unterschieden, obwohl eine Maskulinform in epizöner Verwendung dasselbe bezeichnet hätte.

Die Tendenz zum selbstverständlichen, für jedes Mitglied der Glaubensgemeinschaft akzeptablen Ausdruck trifft nun freilich mit mnemotechnisch wirksamen Stilprinzipien zusammen, wie sie Eduard Norden anhand der altitalischen Gebete beschrieben hat.[24] Der Text zeigt zwar kein Metrum, ist aber in Kola gegliedert; die Länge der einzelnen Kola beträgt vier bis zwölf, im Durchschnitt acht Silben. Benachbarte Kola beginnen oder enden nicht selten mit der gleichen Wortform, Parallelismus geht vor Variation. Innerhalb einzelner Kola lassen sich die bekannten Stilfiguren beobachten: Alliteration, Assonanz, Reim, nominale und verbale Polyptota, zwei-, drei- oder viergliedrige Asyndeta usw.

2.2. Eines der schönsten Beispiele für die Gattungsvariante "einteiliger Prosahymnus" ist im Anfangsteil des Fravardīn-Yašts (Yt. 13) zu finden, der den Frauuašis der Gläubigen gilt, d.h. ihren "Wahlentscheidungen" zugunsten der mazdayasnischen Religion.[25] Dieser Hymnus, über dessen Einbettung im Yašt noch zu reden sein wird, besteht in einem einzigen ausgedehnten Satzgefüge; genauer gesagt in zwei parallelen Hauptsätzen, die adjektivische Attribute enthalten, und sechzehn oder siebzehn[26] parallelen Relativsätzen. Der gesamte Aufbau unterliegt dem Gesetz der wachsenden Glieder (vgl. oben 1.2.2.).

24 Norden 1898, I 156-163, mit dem Terminus "rhythmische Prosa", d.h. "feierliche, deutlich gegliederte und daher rhythmisch wirkende Prosa" (a.a.O. 158 f.). Zum formalen Aufbau der Yašts, bes. Yt. 19, s. Hintze (im Druck).

25 Vgl. Narten 1985, 39-46.

26 Vgl. Abschnitt 22, 2. Hälfte.

21 Der Aṣaanhänger gute, starke, heilvolle Wahlentscheidungen
preise ich, rufe ich an, besinge ich;
wir verehren
die zum Haus, zur Familie, zur Sippe, zum Stamm gehörigen,
zarathuštragleichen,
die gegenwärtigen der gegenwärtigen,
die gegenwärtigen der früheren,
die gegenwärtigen der künftigen Aṣaanhänger;
alle aller Stämme,
die schnellsten der schnellsten Stämme;

22 die den Himmel befestigt haben,
die das Wasser befestigt haben,
die die Erde befestigt haben,
die das Rind befestigt haben,
die in den Mutterleibern die Söhne befestigt haben,
daß sie empfangen wurden und nicht starben
bis zur festgesetzten Trennung (avestisch: *ā dātāt̯ vīδātaot̯*),[27]
in den Hüllen herausgebildet haben
Knochen und Haare,
Muskeln und Eingeweide,
Füße und Geschlechtsteile;

23 die viel mitbringen, die mit Macht kommen,
die gern kommen, die in voller Fahrt kommen,
die schnell kommen, die auf den Ruf kommen;
die man im Wohlstand anrufen muß,
die man bei der Widerstandsbrechung anrufen muß,
die man in den Kämpfen anrufen muß;

24 die dem Rufenden Widerstandskraft verleihen,
dem Wünschenden Erfolg verleihen,
dem Kranken Gesundheit verleihen,
demjenigen guten Herrschaftsglanz verleihen,
der sie verehrt und zufriedenstellt,
sie anruft und ihnen Opfergüsse darbringt als Aṣaanhänger;

25 die sich seit alters am ehesten dorthin wenden,
wo Männer, die dem Aṣa anhängen,
am festesten auf das Aṣa trauen;
wo die Zuweisungen am größten sind,
wo zufrieden ist, wer dem Aṣa anhängt,
und wo unangefeindet ist, wer dem Aṣa anhängt.

---

27 D.h. bis zur termingerechten Geburt.

Dem zitierten Hymnus geht im Text die Anweisung voraus, bei welcher Gelegenheit er zu verwenden sei. Ahura Mazdā rät seinem Gesprächspartner Zarathuštra: wenn ihm ein Viehdieb begegne, und sooft er Angst um sein Leben habe, "dann sollst du diese Zeilen leise vor dich hin sagen, dann sollst du diese Zeilen laut aufsagen, die den Widerstand brechen, Zarathuštra" (Yt. 13, 20). So aufschlußreich dieser Hinweis auch sein mag - es besteht Grund zu der Annahme, daß der Hymnus gegenüber seiner Textumgebung primär ist. Ein Teil des Hymnentextes, derjenige, in dem die Frauuašis als Schöpfer- und Fruchtbarkeitsgottheiten vorgestellt werden, erscheint im Fravardīn-Yašt noch zweimal in abgewandelter Form. Ganz zu Anfang (1-11) berichtet Ahura Mazdā, welche Hilfe ihm die Frauuašis waren, als er "durch ihren Reichtum und Herrschaftsglanz" den Himmel, die Erde usw. befestigte; später, nach dem zitierten Hymnus, folgt eine Zusammenfassung dieser Schöpfungsgeschichte in der 3. Person (28). Wie es scheint, war der einteilige Prosahymnus an die Frauuašis eine der Keimzellen des Fravardīn-Yašts.

2.3. Worin liegen nun - so fragen wir zum Abschluß - die Besonderheiten der avestischen Yašts, die dieser Hymnengattung ihre literarische Eigenständigkeit verleihen?

Was den formalen Aufbau betrifft, kann die Antwort kurz ausfallen. Formal zeichnet sich ein typischer Yašt durch Mehrteiligkeit aus. Der Hauptteil des Textes zerfällt in eine oft lange Reihe von Abschnitten (Karde), die stets durch eine gleichbleibende Anfangsformel, in der Regel auch durch eine gleichbleibende Schlußformel gegeneinander abgesetzt sind.[28] Die wiederholte Anfangsformel entstammt der Prosalitanei - der gleichen Quelle, aus der sie auch in drei zarathustrische Gāthās gelangt ist. Die wiederholte Schlußformel dürfte hingegen eine strukturelle Neuerung darstellen.

Nicht weniger charakteristisch als der formale ist, obgleich wandlungsfähiger, der inhaltliche Aufbau der Yašts. Gegenüber anderen indoiranischen Vertretern der Gattung Hymnus kommen zwei Elemente hinzu, die ich als "Verehrungsauftrag" und "Adorantenkatalog" bezeichnen möchte.

Ein Beispiel für den Verehrungsauftrag haben wir eben gesehen: Am Anfang des Fravardīn-Yašts steht ein längeres Zwiegespräch, in dem Ahura Mazdā zunächst die Verehrungswürdigkeit der "Wahlentscheidungen" begründet und dann seinem Gesprächspartner mitteilt, mit welchen Worten er sie verehren soll. Empfänger des Verehrungsauftrags ist wie immer Zarathuštra; seine Beteiligung am Geschehen scheint wichtig zu sein. An Stelle von Ahura

---

28 Zusammenstellung der Formeln bei Lommel 1927, 8-12. Der Fravardīn-Yašt nimmt (wie auch in anderer Beziehung) insofern eine Sonderstellung ein, als den einzelnen Karde die Schlußformel fehlt.

Mazdā kann dagegen auch die anzurufende Gottheit selbst auftreten, sich Zarathuštra vorstellen und die ihr zustehende Verehrung verlangen.[29]

Sein inhaltliches Gegenstück hat der Verehrungsauftrag - von Ausnahmen abgesehen - im Adorantenkatalog, der im allgemeinen für die formale Mehrteiligkeit der Yašts verantwortlich ist. Der Reihe nach wird uns - bzw. Zarathuštra - berichtet, wer die anzurufende Gottheit schon früher verehrt hat, an welchem Ort, unter welchen Umständen, mit welcher Opfergabe und mit welchem Erfolg. Als Adoranten erscheinen neben Zarathuštra selbst - und Ahura Mazdā - die verschiedensten Gottheiten, ferner Helden und Ungeheuer der mythischen Vorzeit, historische Figuren (nicht zuletzt aus dem Umkreis Zarathuštras) und soziale Gruppen, im Falle des Gottes Mithra auch die Kuh (Yt. 10, 86).

Im Rahmen des Adorantenkataloges ergibt sich vielfach Gelegenheit, historische Ereignisse und mythologische Fakten anzuführen, wenn auch nicht regelrecht zu erzählen. In episodischer Form und mitunter humorvoller Ausgestaltung[30] wird, wo es am Platz ist, die historische und mythische Überlieferung zitiert. Ein junges, sekundär hinzugekommenes Bauelement der Yašts ermöglicht somit Ausblicke auf eine Literaturgattung - am ehesten wohl profane Dichtung in Achtsilblern -, die sonst nur noch durch den Vergleich von mittel- und frühneupersischer Literatur mit dem Ṛgveda zu erschließen wäre.

Wie kommen die Yašts zu der inhaltlichen und formalen Ausweitung, die für diese Literaturgattung kennzeichnend ist? Verehrungsauftrag und Adorantenkatalog erfüllen eine gemeinsame Funktion. Ein "großer" Yašt ist nicht nur Verehrungstext, ist kein reiner Hymnus; es geht vielmehr darum, die Verehrung der betreffenden Gottheit zu legitimieren, sei es deshalb, weil diese von Zarathuštra noch nicht in endgültiger Form konzipiert,[31] oder deshalb, weil sie von ihm als nicht verehrungswürdig eingestuft worden war. Die formalen und inhaltlichen Besonderheiten der Yašts sind demnach eine Folge der religionsgeschichtlichen Entwicklung.[32] Gerade diese Texte, die sich unentwegt auf den Reformer Zarathuštra berufen, haben eine deutlich restaurative Tendenz. Die vergleichende Sprach- und Literaturwissenschaft kann hierfür nur dankbar sein.

---

29 Vgl. Y. 9, 1-21: Haoma; Yt. 15, 43-56: Vaiiu. Anders Yt. 17, 6-22 (Aši): ein Verehrungsauftrag erübrigt sich.

30 Z.B. im Falle der Drachentötung (Y. 9, 10.11 und Parallelen).

31 Wie z.B. die Frauuašis, vgl. Lommel 1927, 103-109; Narten 1985, 35 f. und passim.

32 Vgl. Lommel 1927, 6 ff., bes. 6 u.: "Sie [die Yašts] sind damit das sprechendste Zeugnis dafür, daß die Religion Zarathuštras, indem sie sich in Iran mehr und mehr ausbreitete und eine beherrschende Stellung errang, diesen Zuwachs an Macht und Einfluß erkaufen mußte durch weitgehende Kompromisse mit der alten, aus vorzarathuštrischer Zeit ererbten und in weiten Kreisen des Volkes noch lebendigen Volksreligion."

Bibliographie:

Falkenstein Adam / von Soden Wolfram 1953, Sumerische und akkadische Hymnen und Gebete, eingeleitet und übertragen, Zürich / Stuttgart.

Geldner Karl Friedrich 1951-1957, Der Rig-Veda, aus dem Sanskrit ins Deutsche übersetzt und mit einem laufenden Kommentar versehen. I.-III., IV. (Namen- und Sachregister). Cambridge, Mass.

Gippert Jost 1986, Zur Metrik der Gathas, in: Die Sprache 32/2, 257-275.

Gonda Jan 1941, "Ein neues Lied", in: Wiener Zeitschrift für die Kunde des Morgenlandes 48, 275-290.

Ders. 1975, Vedic literature, Wiesbaden.

Hintze Almut (im Druck), Compositional techniques in the Yašts of the Younger Avesta. Proceedings of the Second European Conference on Iranian Studies held at Bamberg, September 30. - October 4. 1991, Rom.

Hoffmann Karl 1967, Der Injunktiv im Veda, Heidelberg.

Humbach Helmut 1959, Die Gathas des Zarathustra. I.II, Heidelberg.

Ders. 1991, The Gāthās of Zarathushtra and the other Old Avestan texts by Helmut Humbach, in collab. with Josef Elfenbein and Prods O. Skjærvø. I.II, Heidelberg.

Lommel Herman 1927, Die Yäšt's des Awesta, übersetzt und eingeleitet, Göttingen, Leipzig.

Narten Johanna 1985, Avestisch frauuaši-, in: Indo-Iranian Journal 28/1, 35-48.

Dies. 1986, Der Yasna Haptaŋhāiti, Wiesbaden.

Norden Eduard 1898, Die antike Kunstprosa. I.II, Leipzig.

West Martin Litchfield 1982, Greek Metre, Oxford U.P.

Wolff Fritz 1910, Avesta. Die heiligen Bücher der Parsen, übersetzt auf der Grundlage von Chr. Bartholomae's Altiranischem Wörterbuch, Straßburg.

Hermann Spieckermann

ALTTESTAMENTLICHE "HYMNEN"

Der Psalter hat im Alten Testament den Titel *(sefär) tᵉhillîm* "(Buch der) Lobgesänge, Lobpreisungen". Das Thema Lobgesang betrifft also nicht nur einzelne Texte, vor allem die "Hymnen", sondern das theologische Gesamtverständnis des Psalters. Der maskuline Plural *tᵉhillîm* ist im Psalmenkorpus selbst nicht belegt, wohl aber, wenn auch selten, der zu erwartende feminine Plural *tᵉhillôt* (Ps 22,4; 78,4; vgl. Ex 15,11; Jes 60,6; 63,7). Er bezeichnet sowohl Israels Lobgesänge (Ps 22,4) als auch Gottes Ruhmestaten (Ps 78,4) - terminologisches Echo einer theologischen Identität, deren Implikationen noch bedacht werden müssen. Gut bezeugt ist im Psalter indessen der Singular *tᵉhillā*, "Ruhm, Lob, Lobgesang, Lobpreis", darunter allerdings nur ein Beleg, bei dem *tᵉhillā* als Überschrift für einen Psalm gebraucht wird (Ps 145,1).

Der Befund legt folgenden Schluß nahe: Die im Psalmenkorpus selbst nicht belegte Pluralform *tᵉhillîm* ist speziell als Name für den Psalter gebildet worden. Da im Psalter selbst mit dem Wort *tᵉhillā* so gut wie keine Ansätze zur formalen Kategorisierung unternommen worden sind, scheint die Wortwahl als Titel für den ganzen Psalter eine dezidiert theologische Deutung zu verlangen.[1] Der Psalter wird insgesamt als Gotteslob verstanden, auch in der Textgruppe, die als größte des Psalters dem Gotteslob am fernsten zu sein scheint: den Klagen. Es hat Erkenntniswert, daß nach üblicher formgeschichtlicher Kategorisierung fast die Hälfte aller Belege für *tᵉhillā* in Individual- und

---

1 Der hier beschrittene Weg unterscheidet sich von dem Versuch von Kraus 1978, 43-49, *tᵉhillā* als Bezeichnung der Formgruppe "Loblieder" zu verwenden. Bei aller Anerkennung der von Kraus geübten Kritik an der Gattungsforschung (a.a.O., 36-43) bleibt bei ihm das Verhältnis zwischen formkritischen Differenzierungen und thematisch orientierter Gruppierung unklar. Zum Überblick über *hillel* und *tᵉhillā* vgl. Westermann 1971, 493-502; Ringgren 1977, 433-441.

Volksklagen zu finden sind, zumeist in hymnischen Passagen wie
Vertrauensäußerung und Lobgelübde (Ps 9,15; 22,4.26; 35,28; 51,17;
71,6.8.14; 79,13; 102,22; 106,2.12.47; 109,1). Dadurch soll ganz offensichtlich
die Klage an das Gotteslob gebunden bleiben, nicht in dem Sinne, daß ohne
das hymnische Gegengewicht die Klage theologisch nicht tragbar wäre,
sondern vielmehr in dem theologisch fundamentalen Sinne, daß es außerhalb
des Gotteslobes keine Gottesbeziehung für den Menschen gibt. G. von Rad
urteilt in Anlehnung an C. Westermann zutreffend: "Loben ist die dem
Menschen eigentümliche Form des Existierens. Loben und nicht mehr Loben
stehen einander gegenüber wie Leben und Tod".[2] Das Gotteslob macht die
Klage nicht tragbar, sondern trägt die Klage. Gott rettet den klagenden
Menschen aus der Not, um ihn dorthin zurückzuführen, wohin er nach Gottes
Willen gehört: in die Gemeinschaft der Lobenden. Von dieser Zuversicht ist
das Gebet der Klagenden bestimmt, weshalb zur Anrufung "Mein Gott!" mit
identischer Intention "Mein Lob!" hinzutreten kann (Ps 109,1; vgl. Jer 17,14).
Dieser Gott, von dem mein Lob kommt (vgl. Ps 22,26), soll in der Not nicht
schweigen (109,1), während der Beter weiß, daß sein Lob vor dem Gott, "der
Gebete erhört" (65,3), stumm sein darf: "Bei dir ist Schweigen ein Lobgesang"
(65,2).[3] Alles Gesagte kann in der exemplarischen Reflexion der Anfechtung
in der hymnischen Prädikation verdichtet werden, Gott sei derjenige, "der
Gesänge (z^emirôt) schenkt in der Nacht" (Hi 35,10). Das ist dieselbe
Denkbewegung, wie sie sich in dem einen theologischen Terminus t^ehillôt in
seiner zweifachen semantischen Auslegung als Ruhmestaten (Gottes) und
Lobgesänge (Israels) dokumentiert.

In dem skizzierten theologischen Kontext könnte man alttestamentliche
"Hymnen" als Sprachgeschenk im Zwielicht und gegen das Zwielicht der conditio humana begreifen. Die metaphorische Annäherung will keine wissen-
schaftlich-exegetische Definition ersetzen. Sie will das theologisch Unverfüg-
bare offenhalten, was im Eifer der exegetischen Analyse und Kategorisierung
zu schnell in Vergessenheit gerät. Und vielleicht eröffnet die gewählte theologische Perspektive zum Verständnis des Gotteslobes auch einen nüchternen
Blick auf Nutzen und Nachteil der alttestamentlichen "Hymnen"-Forschung.
Dazu zwei Thesen mit Erläuterungen.

---

2 Von Rad 1969, 381; vgl. Westermann 1977, 121; deshalb wiederholt die
(an)klagende Frage an Gott, ob der Staub ihn loben und seine Treue verkünden könne
(vgl. Ps 6,6; 30,10; 88,11-13; 115,17; Jes 38,18).

3 Die beliebte Änderung des masoretischen Textes unter Berufung auf die Septuaginta
("Dir gebührt Lobgesang", vgl. z.B. Kraus 1978, 608f.) favorisiert eindeutig die lectio
facilior und kommt deshalb nicht in Frage. Ps 65,2 ist kontextuell eine Antwort auf
Ps 62 (vgl. vor allem V. 2f. und V. 6f.).

1. These

Den alttestamentlichen "Hymnus" im Sinne einer identifizierbaren Gattung mit erkennbarer Konstanz in Disposition, Formation und Intention gibt es nicht.[4] Es gibt ebensowenig mehrere unterscheidbare Grundformen von Hymnen im Alten Testament, vor allem den "imperativischen Hymnus" und den "partizipialen Hymnus", die sich in ihrer unterschiedlichen traditionsgeschichtlichen Genese rekonstruieren ließen.[5] Es gibt alttestamentliche Hymnen im Sinne einer Textgruppe, als deren Intention das Gotteslob durch eine Reihe variabler formaler und inhaltlicher Indikationen erkennbar ist. Die Konkretion dieser Intention ist fast so vielfältig wie die tradierten Exemplare der Hymnen.

Zur Erläuterung der ersten These einige forschungsgeschichtliche Erinnerungen und der Versuch einer Bilanz:

H.Gunkel beginnt sein Kapitel über die Hymnen in der "Einleitung in die Psalmen" (1933) mit der Feststellung, es handele sich bei ihnen um diejenige "Gattung, die am leichtesten zu erkennen ist, und in der zugleich grundlegende Gedanken der frommen Dichtung überhaupt ausgesprochen werden".[6] Letzteres stimmt, hat aber in der alttestamentlichen Hymnenforschung bisher kaum eine Rolle gespielt, ersteres stimmt so nicht, vielleicht gar nicht. Gunkel zählt im Psalter 25 Hymnen[7] und überrascht dann den Leser, der von der leichten Erkennbarkeit der Gattung unbefangen auf die Möglichkeit ihrer klaren Abgrenzung gegenüber anderen Gattungen geschlossen hat, mit einer ganzen

---

4 Die Anführungszeichen, die im Kontext dieses Bandes auf den Unterschied zwischen den Götterhymnen der Umwelt Israels und den alttestamentlichen Hymnen aufmerksam machen sollen, haben also ihre zusätzliche Berechtigung aus der alttestamentlichen Binnenperspektive. Nachdem das Problem benannt ist, werden die Aufmerksamkeitssignale im folgenden unterbleiben.

5 Diese Unterscheidung hat fast den Charakter der Selbstverständlichkeit, so auch bei Seybold 1989, 587f. Seybold resümiert indessen zutreffend: "Die Geschichte der Hymnik in Israel ist nur in Ansätzen erkennbar" (588). Mehr kann man auf keinen Fall sagen.

6 Gunkel 1933, 32.

7 Ps 8; 19; 29; 33; 65; 67; 68; 96; 98; 100; 103; 104; 105; 111; 113; 114; 117; 135; 136; 145; 146; 147; 148; 149; 150 (ebd.). Schon bei flüchtiger Lektüre kann der Eindruck nicht ausbleiben, daß hier formal und inhaltlich Disparates unter einem Begriff zusammengestellt worden ist. Schaut man in jüngeren Einleitungen in die Psalmen nach (vgl. etwa Sabourin 1970, 175ff; Seidel 1980, 12-16; Seybold 1986, 97f; Lattke 1991, 99f), ist zweierlei erstaunlich. Einerseits werden seit Gunkel "Belegketten" für bestimmte Hymnen tradiert, ohne daß die Zusammenstellung selbstverständlich wäre. Beispielsweise nenne man einmal den formal und inhaltlich gemeinsamen Nenner von Ps 8; 19; 29; 33, der kein Gemeinplatz ist! Andererseits gibt es Unsicherheiten bei der Frage der Zugehörigkeit zur Gruppe der Hymnen, die sich noch beträchtlich verstärken ließen. Wieso mündet diese Irritation nicht in eine kritische Reflexion der methodischen Voraussetzung ein? Die hier vorgetragene Kritik berührt sich in vieler Hinsicht mit der von Graf Reventlow 1986, 119ff.

Reihe verwandter Gattungen und hymnenähnlicher Stücke überall im Psalter und darüber hinaus. Da werden Zionslieder, Thronbesteigungslieder, Danklieder Israels, Liturgien, gemischte Gedichte, aber auch Hymnisches in Klageliedern sowohl des einzelnen als auch des Volkes und anderes genannt. Selbst bei vorhandener Gutgläubigkeit ist man geneigt, dem Zweifel Raum zu geben, daß es um die formale und inhaltliche Konsistenz der Hymnen nicht zum besten bestellt sein könne, wenn Hymnisches über die 25 Psalmen hinaus so gut wie im ganzen Psalter anzutreffen ist. Die Unterscheidung zwischen identifizierbaren Formelementen des Hymnischen und der schwerlich identifizierbaren Gattung des Hymnus hätte in dieser Hinsicht hilfreich sein können. Der Hymnus als Gattung ist nicht primär eine Formfrage, sondern eine Inhaltsfrage mit formalen Aspekten.

Einem scharfsichtigen Exegeten wie Gunkel ist die Formenvielfalt in den Hymnen selbst natürlich nicht entgangen. Nur war er guten Mutes, daß man sie wenigstens bei Teilen des Hymnus, zum Beispiel bei der Einführung, leicht erklären könne. "Alle diese genannten Formen der Einführung gehen in letztem Grunde auf die Grundform "Singet" zurück, von der sie augenscheinlich Abwandlungen sind. Als man müde geworden war, an dieser Stelle immer in der zweiten Person des Imperativs zu reden, hat man zu solchen neuen Formen gegriffen".[8] Man mag sich fragen, ob "der letzte Grund" hier wirklich durch die bei historisch arbeitenden Exegeten immer noch beliebte Suche nach dem kleinsten gemeinsamen Nenner zu erreichen ist.

In der weiteren formgeschichtlichen Forschung war es vor allem C.Westermann, der mit seinem Buch "Das Loben Gottes in den Psalmen" (1954) nachhaltigen Einfluß ausgeübt hat. Westermann hat die vielen, gegeneinander z.T. wenig abgrenzbaren Gunkelschen Gattungen im Sinne theologischer Durchdringung auf "die beiden Weisen des Anrufens Gottes" zurückzuführen unternommen: Lob und Bitte,[9] wobei sich sogleich die Frage aufdrängt, wieso nicht neben oder gar anstelle der Bitte die Klage steht.[10] Einmal davon abgesehen, will Westermann dem theologisch respektablen Gedanken Geltung verschaffen, daß alle Gattungen auf das Gotteslob hinauswollen bzw. - so

---

8 Gunkel 1933, 37; aus der formgeschichtlichen Binnenperspektive ist daran viel Kritik geübt worden, vgl. etwa Westermann 1977, 99 A. 85.

9 Westermann 1977, 115.

10 Westermann 1977, 39ff, glaubt zumindest in den Klageliedern des Volkes (in seiner Terminologie: Bitt- oder Klagepsalm des Volkes, entsprechend Bitt- oder Klagepsalm des Einzelnen) den hohen Stellenwert der Bitte feststellen zu können. Er erwägt sogar, ob die einleitend vorausgeschickte Bitte "zur ursprünglichen Struktur dieses Psalms gehören könnte" (39). Das sähe man gern durch plausible Belege gestützt. Und weiter: "Der konstanteste von allen Teilen ist die Bitte. Sie fehlt nie" (ebd.). Das ist eine Selbstverständlichkeit, doch gerade nicht die differentia specifica des Klagepsalms. Allerdings kann sich Klage inhaltlich sehr subtil artikulieren und damit formgeschichtlich nicht so evident vor aller Augen sein wie die Bitte.

Klage und Bitte - zu ihm zurückwollen. Westermanns Versuch, durch die theologische Kategorisierung der Sprechakte bessere Durchschaubarkeit in das Gunkelsche Gattungsgemenge zu bringen, ist durchaus positiv zu bewerten.

Die Konsequenz indessen, die Westermann aus seinem eigenen Ansatz in formgeschichtlicher Hinsicht gezogen hat, gibt eher Anlaß zur Klage als zum Lob. Wie bekannt, hat Westermann für die Gattungen des Gotteslobes im engeren Sinne eine neue Terminologie geschaffen. Den Hymnus nennt er beschreibenden Lobpsalm, das Danklied berichtenden Lobpsalm. Sosehr damit die tatsächlich bestehende inhaltliche Verwandtschaft bereits terminologisch zum Ausdruck kommt, so problematisch ist der dahinter stehende formgeschichtliche Ordnungswille. Zwar unterläßt es Westermann, für den beschreibenden Lobpsalm (Hymnus) ein Ordnungsschema zu erstellen, wie er es - höchst problematisch - für fast alle anderen Gattungen macht [11] Doch wenn Westermann in Ps 113 das Grundthema des beschreibenden Lobpsalms besonders deutlich exemplifiziert sieht, nämlich die Kondeszendenz der Hoheit Gottes, dann hätte gerade dieser Psalm nicht Überlegungen zur "festen Grundstruktur" des beschreibenden Lobpsalms, und sei sie auch nur "begrenzt", eröffnen sollen.[12] Mit der Grundstruktur verbindet sich bei Westermann das Postulat von der zentralen Bedeutung des Preises "des Herrn der Geschichte", woraus sogar der Vorrang des berichtenden Lobpsalms vor dem beschreibenden in Israel erschlossen werden kann.[13] Der Alte Orient und Texte wie Ps 29 und 93 geben dieser These keine große Chance. Vielmehr zeigt sich, daß das, was sich als Aufbauschema scheinbar objektiv präsentiert, von einer theologischen Gesamtsicht des Alten Testaments gesteuert ist.[14] Die längst gefällten inhaltlichen Entscheidungen in bestimmten formalen Grundstrukturen des Psalters bestätigt zu finden, kann bei Westermann nicht überzeugen.

In der formgeschichtlichen Hymnenforschung stellt die Arbeit von Crüsemann "Studien zur Formgeschichte von Hymnus und Danklied in Israel" einen gewissen Höhepunkt dar. Einmal abgesehen von den "Hymnen eines Einzelnen",[15] glaubt Crüsemann in Israel ursprünglich zwei Gattungen unterscheiden zu können: einerseits den "imperativischen Hymnus" (Paradebeispiel: das Mirjamlied, Ex 15,21), bestehend aus pluralischer Lobaufforderung, Nennung des Adressaten, deiktischem, nicht begründendem kî-Satz mit Lob einer Heilstat JHWHs, andererseits den "partizipialen Hymnus", bestehend aus einer Reihung von Partizipien, die sich in Form und Inhalt altorientalischer Hymnik verdanken und göttliches Handeln in

11 Vgl. a.a.O. 40. 49f. 63. 70. 77. 98.
12 Zu den Formulierungen vgl. a.a.O. 91; zum Ganzen vgl. 87ff.
13 Vgl. a.a.O. 94f. A.78.
14 Vgl. Spieckermann 1989, 12-15.
15 Vgl. Crüsemann 1969, 285-306.

Schöpfung, Natur und Menschenwelt durch ein abschließendes JHWH *šᵉmô* allein für JHWH reklamieren. Erst von der   Exilszeit ab sind beide Hymnengattungen in Israel vermischt worden.[16]

Die gründliche Arbeit, der wichtige Erkenntnisse zu verdanken sind, leidet grundsätzlich an dem Schönheitsfehler, daß die Texte, die die Beweislast für die Rekonstruktion unterschiedlicher Hymnengattungen in der vorexilischen Zeit tragen müssen, fast alle exilischen und nachexilischen Texten entstammen. Dieses Urteil ist nur mit einem geringen literarhistorischen Unsicherheitsfaktor belastet, weil die Texte, die Crüsemann vornehmlich als Argumentationshilfen für seine Rekonstruktion gebraucht, Deuterojesaja und die Editionsschichten der Prophetenbücher, kaum in die vorexilische Zeit zurückreichen. Jede Rekonstruktion der Gattungsgeschichte mit historischer Tiefendimension läuft deshalb Gefahr, schnell den Boden unter den Füßen zu verlieren. Darüber hinaus macht es nachdenklich, daß Crüsemanns gattungsgeschichtliche Differenzierung im Psalter kaum einen Hymnus erhellen hilft, abgesehen von Ps 117, dem kürzesten Psalm überhaupt. Alle anderen Hymnen des Psalters gehören bereits in das Stadium der Entfaltung einzelner Hymnenelemente oder der Gattungsgeschichte, für die die Bemühung um formgeschichtliche Rekonstruktion keinen entscheidenden Erkenntniswert hat.

Es ist nicht so, daß die weitere Differenzierung der Gattungen und die Suche nach den reinen, ursprünglichen Formen nicht von anderen Stimmen begleitet worden wären. Stellvertretend seien nur zwei andere Fragerichtungen genannt: seit in den 60er Jahren vor allem durch katholische Alttestamentler die Frage nach den Fortschreibungsprozessen in den Psalmen[17] und ebenfalls seit den 60er Jahren die Frage nach der poetologischen Analyse der Psalmen vor allem durch M. Weiss, der durch den generalisierenden formgeschichtlichen Zugang das individuelle Verhältnis von Gehalt und Gestalt im Einzeltext als selbständigem Kunstwerk nicht angemessen berücksichtigt fand.[18] Gegen beide Ansätze sind Anfragen möglich. Die Art und Weise, wie sie in der Blüte formgeschichtlicher Forschung an den Rand gedrängt worden sind, wird ihrer Bedeutung aber keineswegs gerecht.[19]

Die aktuelle Zwischenbilanz in der alttestamentlichen Hymnenforschung scheint in etwa folgendes Bild zu ergeben: Die Suche nach den reinen, ursprünglichen Gattungen, nach den Idealtypen mit hoher formaler Konsistenz

---

16 Vgl. a.a.O. 19-154.

17 Vgl. Gelin 1959; Becker 1966, ders. 1975, 85-98 (Literatur); weitere Hinweise bei Sabourin 1970, 17f.

18 Vgl. Weiss 1972 und 1976.

19 Es gibt eine Reihe von weiteren Ansätzen, die man mehr oder weniger alle als poetologisch bezeichnen kann; vgl. die Darstellung von Becker 1975, 120-125 (Literatur); aus der Fülle neuerer Titel seien nur zwei genannt: Loretz/Kottsieper 1987 (Literatur) und Korpel/de Moor 1988 (Literatur).

und die damit zusammenhängende Verfeinerung der Kategorisierung der Gattungen scheint an Intensität nachgelassen zu haben. Darüber muß man nicht traurig sein. Wir brauchen keine weiteren formgeschichtlichen Arbeiten, die mit viel Aufwand hymnische Idealformen rekonstruieren, welche wenige alttestamentliche Hymnen erklären helfen und die weiteren Texte in die spätere Gattungsgeschichte verweisen. Wir brauchen exegetische Forschung zu den Hymnen, die für das Gros der Texte plausible Theoreme entwickelt und zugleich die textliche Individualität nicht kategorisierend nivelliert. Bei den alttestamentlichen Hymnen gibt es Artenvielfalt. Das sollte man als Reichtum und nicht als Last begreifen. Wir brauchen exegetische Forschung zu den Hymnen, die das individuelle Zusammenspiel von Gehalt und Gestalt als Zugang zur Theologie der Texte begreift. Wir brauchen exegetische Forschung zu den Hymnen, die, am individuellen Text und nicht an Gattungskonstrukten orientiert, in sorgfältiger Applikation poetologischer und historischer Methodik Sprechakt, Stil, Gedankenführung, Ziel und Kontextualität untersucht. Nur so können Form und Inhalt in ihrer komplexen Interrelation wahrgenommen werden. Sollte sich in der Analyse mehrerer Texte dann einmal ein Schema zu erkennen geben, das sich nach Aufbau und Inhalt als Gestaltungsvorgabe für manche Texte aufdrängt, so ist das ein schönes Ergebnis. Man rede dann getrost von einer Gattung. Sollten sich in der Analyse mehrerer Texte zwar partiell Gemeinsamkeiten in Form und Inhalt erkennen lassen, dies jedoch bei hoher Variabilität des Aufbaus, Konvertibilität der identischen Elemente und Individualität der inhaltlichen Zielsetzung, dann ist auch das ein schönes Ergebnis. Nur rede man dann lieber nicht von einer Gattung, sondern - mit Rücksicht auf die größere Offenheit - von einer Textgruppe.

Welche Konsequenzen haben diese methodologischen Erwägungen für die alttestamentliche Hymnenforschung?

2. These

Das Gotteslob ist im Alten Testament eine fundamentale Verstehenskategorie für die Gott-Mensch-Welt-Relation. Auf dieser Grundlage ruht die Textgruppe der alttestamentlichen Hymnen auf. Sie ist als Sprechakt und Sprachform erkennbar am Zusammenspiel bestimmter formaler Charakteristika mit ganz verschiedenen Inhalten, die darin übereinkommen, daß des Menschen und Israels Rettung, Begnadung und Begabung durch Gott als Anstiftung zum Lob erfahren werden, in dessen Zentrum Gott selbst steht. Das ist das konstitutive Charakteristikum des Hymnus. Dabei ist es durchaus möglich, eine Vorordnung der Gott-Mensch-Relation vor der Gott-Volk-Relation zu erkennen.

Zu den fakultativen formalen Charakteristika gehören beim Hymnus die Begründung des Gotteslobes (kausales kî) und die Sprechrichtung zu Gott hin in 2. und/oder 3. Person, häufig verbunden mit dem Gottes Wesen und Wirken preisenden Partizipialstil. Das einzige obligatorische formale Charakteristikum (obwohl auch dies nicht ohne Ausnahme) ist die einleitende Lobaufforde-

*rung, gestaltet als Selbst- oder als Fremdaufforderung. Dabei ist die plurali-
sche Fremdaufforderung im charakteristischen Unterschied zur altorientalischen Hymnik häufig. Vorsicht ist jedoch bei der formgeschichtlichen Auswer-
tung dieses Charakteristikums geboten. Es trägt nicht weit, schon gar nicht
zurück zu einem ursprünglichen "Sitz im Leben" einer vermuteten Gattung
"imperativischer Hymnus".*

*Ein zentrales inhaltliches Charakteristikum der alttestamentlichen Hymnen
ist ihre gleichsam magnetische Kraft, theologische Reflexion anzuziehen. In
dieser Bestimmung darf man in präzisierter Form Gunkels Beobachtung
wiedererkennen, daß in den Hymnen "grundlegende Gedanken der frommen
Dichtung überhaupt ausgesprochen werden".[20] Die theologische Reflexion in
den Hymnen bedenkt die zwielichtige conditio humana im Lichte der von Gott
gestifteten Relation zwischen sich und dem Menschen. Alttestamentliche
Hymnen sind deshalb kein dankbares Sujet für Kultforscher, historische
Rekonstrukteure und Strichbild-Reduktionisten, sondern für exegetisch-
systematische Theologen, die sich der Aufgabe der deutenden Sprachgebung
stellen.*

*Alle genannten formalen und inhaltlichen Charakteristika der alttestament-
lichen Hymnen sind Widerspiegelung der theologischen Bedingung der Möglichkeit des Hymnus im Alten Testament: dem Verzicht Gottes auf das Eigen-
lob, dies im charakteristischen Unterschied zur altorientalischen Hymnik. Die
Ausnahmen im Alten Testament - vor allem Deuterojesaja und die Gottesreden
des Hiobbuches - sind erklärbar und nicht von ungefähr außerhalb des Psalters zu finden.*

Die zweite These ist ziemlich lang geraten. Die exegetische Theorie bedarf
der exegetischen Praxis. Deshalb zwei Beispiele:

Das erste Beispiel ist Ps 8:[21] "JHWH, unser Herr, wie herrlich ist dein Name in aller Welt!" Formgeschichtler müßten eigentlich von Zweifeln geplagt
sein, ob es sich bei diesem Text überhaupt um einen Hymnus handelt, denn er
kommt ohne Lobaufforderung, ohne Begründung und ohne Partizipialstil aus.
Als formales Indiz für den Hymnus bleibt nur die Sprechrichtung zu Gott hin
in der 2. Person übrig. Doch die gibt es schließlich auch in der Klage und
anderswo. Betrachtet man hingegen die theologische Reflexion der Gott-
Mensch-Welt-Relation als inhaltliches Charakterstikum des Hymnus in Verbindung mit seiner formalen Gestaltung, fällt es nicht schwer, Ps 8 als einen
Hymnus par excellence zu erkennen, in dem das Verhältnis von Form und
Inhalt sachdienlich-individuell gestaltet worden ist.

---

20 Gunkel 1933, 32.

21 Zur Auslegung vgl. Graf Reventlow 1986, 139ff; Tigay 1987, 169-171;
Spieckermann 1989, 227-239; Waschke 1991, 801-812.

Der Psalm ist konzentrisch angelegt. Er wird umschlossen vom Lob der Namensgegenwart Gottes in aller Welt. Die universale Dimension des Gotteslobes will aber nirgendwo anders ihre Verdichtung finden als in der personalen Verhältnisstiftung Gottes zum Menschen: "Wenig von Gott ließest du ihm fehlen, kröntest ihn mit Ehre und Hoheit" (V. 6). Das ist der Mittelpunkt des Psalms: der Mensch im Zentrum des Gotteslobes, nicht anthropozentrisch, sondern theozentrisch. Bis in die Form hinein durchgehalten, ist der Mensch, was er ist, nur in der von Gott gewährten Beziehung. Diese Verhältnisstiftung hat Folgen: Gott macht den Mangel des "biologischen Mängelwesens mit Geist"[22] gering, indem er es wie kein anderes Geschöpf in seine Nähe holt: "Wenig von Gott ließest du ihm fehlen, kröntest ihn mit Ehre und Hoheit." Das ist hymnische Reflexion der zwielichtigen conditio humana im Lichte Gottes. Gott sucht nicht das Verhältnis zum selbstherrlichen Menschen, sondern zu dem Menschen, der ganz und gar bereit ist, Gottes Herrlichkeit zu empfangen. Dementsprechend hat Gott eine Vorliebe für das Gotteslob aus dem Munde von Kindern und Säuglingen (V. 3), wahrscheinlich nichts Vollkommenes, aber, wie Ps 8 attestiert, "machtvolles Lob" (V. 3), wiederum nicht eigenmächtig, sondern ermächtigt durch Gott selbst. Wer die Betrauung des Menschen mit Herrschaft in V. 7-9 verstehen will, darf - wie auch immer es um den religionsgeschichtlichen Hintergrund dieser Aussagen bestellt sein mag - die eigentümlich Ohnmächtig-Mächtigen in V. 3 nicht vergessen. Theologisch sachgemäße Formgeschichte müßte in Ps 8 tief in das Verhältnis von Form und Inhalt einzudringen versuchen: in die wahrscheinlich dialektisch zu verstehende Spannung von vollendeter Form als Gefäß des Gebrechlichen - und gerade deshalb des von Gott besonders Geehrten.

Das zweite Beispiel ist Ps 103: "Lobe, meine Seele, JHWH, und alles, was in mir ist, seinen heiligen Namen! Lobe, meine Seele, JHWH, und vergiß nicht alle seine Taten!" (V. 1f.).[23] Hier darf die Seele des Formgeschichtlers gleich in das Lob einstimmen, denn formale Indizien für den Hymnus sind reichlich vorhanden: Lobaufforderung als Selbstaufforderung und als pluralische Fremdaufforderung, hymnische Partizipien und Sprechrichtung zu Gott hin in der 3. Person. Doch das πλήρωμα der formgeschichtlich guten Gaben will nicht so recht beglücken, weil es sich nicht in die formgeschichtlich gute Ordnung fügt: Lobaufforderung am Anfang und am Ende, die hymnischen Partizipien kombiniert mit Selbstanrede des Beters ("Der all deine Schuld vergibt, der all deine Gebrechen heilt", V. 3) und das Fehlen der hymnisch zentralen Motive "Lob des Schöpfers" und "Lob des Herrn der Geschichte". Westermann läßt sich allerdings nicht entmutigen: "Auch die beiden Entfaltungen dieses Lobens klingen wenigstens an: der Schöpfer V. 14; der Herr der Geschichte V. 7".[24] Westermann hat die Verse gleich in die richtige formgeschichtliche

22 Gestrich 1989, 28.
23 Zur Auslegung vgl. Spieckermann 1990, 1ff.
24 Westermann 1977, 102.

106

Reihenfolge gebracht, V. 14 vor V. 7. Wer auf die Idee kommt, einmal nach-zusehen, was in V. 14 steht, ist möglicherweise irritiert: "Denn er weiß, welch ein Gebilde wir sind (noch genauer: denn er kennt unsere Machart), denkt daran, daß wir Staub sind." Ist das wirklich Lob des Schöpfers?

Auch beim "Lob des Herrn der Gechichte" gibt es Dinge, die Westermann vor jeder Kategorisierung bedenken müßte. Denn was besagt angesichts des in V. 7 eindeutig intendierten Bezuges zu Ex (32-)34 die Rede vom Herrn der Geschichte? Hier muß konkret von Schuld und Vergebung (wie in Ps 103, 2ff.) gesprochen werden.[25] Doch Westermann würde dieser Einwand wohl kaum einleuchten. Schließlich gehört Ps 103 zur "Spätgeschichte der Gattung" - so die Überschrift des betreffenden Kapitels - , und da gibt es eben manche "merkwürdige Differenzierung", in Ps 103 das "einseitige Loben der Gnade Gottes".[26]

Auch bei Ps 103 kann der Versuch, von der Individualität des Psalms mit ihrem spezifischen Zusammenspiel von Gehalt und Gestalt auszugehen, erhel-lend sein. Der Dichter von Ps 103 scheint bereits Ps 8 zu kennen, denn die konzentrische Anlage mit Inclusio ist auffallend ähnlich, ohne daß man sich zu einer weitergehenden Gattungskonstruktion angeregt fühlen sollte. Umschlos-sen von der Lobaufforderung steht in Ps 103 nun aber nicht die Verhältnisstif-tung Gottes zum Menschen im Mittelpunkt, sondern die im Alten Testament häufiger bezeugte Wesensbestimmung Gottes: "Barmherzig und gnädig ist JHWH, langmütig und reich an Gnade" (V. 8). Auf die lobende Affirmation dieses Satzes wollen die hymnischen Partizipien des ersten Teiles hinaus (V. 3-5). Sie preisen die schon vorausgesetzte Verhältnisstiftung Gottes zum Men-schen (Ps 8) als stets neues Geschenk des Lebens von dem Schuld vergeben-den Gott: "der all deine Schuld vergibt, der all deine Gebrechen heilt" (V. 3). Das in die Partizipien eingeschriebene Wesen und Wirken Gottes ist dem emp-fangenden Menschen so nahe, daß in die Sprechrichtung zu Gott hin zugleich das Selbstgespräch des Beters mit seiner Seele aufgenommen werden kann. Die theologische Reflexion von Ps 8 wird in Ps 103 am Thema Schuld und Vergebung erprobt. Der Mensch erhält seine Auszeichnung in der Gottesnähe nicht mehr durch gottkönigliche "Ehre und Hoheit" (kabôd wehadar 8,6), son-dern durch menschengerechte "Gnade und Barmherzigkeit" (ḥäsäd weraḥamîm, 103,4).

Wie der erste Teil von Ps 103 auf die Wesensbestimmung Gottes in der Gnadenformel zuläuft, so kommt der zweite Teil von dieser Wesensbestim-mung Gottes her und will in ihrem Lichte die Wesensbestimmung des Men-schen unterbreiten: Er ist Machwerk und Staub (V. 14). Der Psalmdichter sagt dies von dem notorisch sündigen Menschen, dem sich Gott bereits gnädig zugewandt hat: also keine religiöse Demutsübung für den Menschen, um dann

---

25 Vgl. Aurelius 1988, 57ff.
26 Westermann 1977, 102.

die Gnade desto heller erscheinen zu lassen. Und der Psalmdichter thematisiert das schuldbeladene und "staubige" Wesen des Menschen weiter aus dem Grunde, weil - ganz in Auslegung der Gnadenformel - Gott eben diesen Menschen dazu ersehen hat, das universale Gotteslob im Himmel wie auf Erden anzustoßen und in Gang zu halten:

> "Lobt JHWH, alle seine Heerscharen,
> ihr seine Diener, die ihr seinen Willen tut!
> Lobt JHWH, alle seine Werke,
> an allen Orten seine Herrschaft!" (V. 21f.)

Im Gotteslob vereinigen sich Staub und himmlische Heerscharen. Das gilt für Ps 103. Im Gotteslob fällt Licht ins Zwielicht der conditio humana. In unterschiedlicher Einstellung gilt das für Ps 103 und Ps 8. Und ob nicht auch noch manches Licht aus anderen alttestamentlichen Hymnen hervorbräche, wenn man die Decke formalisierter Formgeschichte von den Texten nähme?

Bibliographie:

Aurelius Erik 1988, Der Fürbitter Israels. Eine Studie zum Mosebild im AT.

Becker Jürgen 1966, Israel deutet seine Psalmen. Urform und Neuinterpretation in den Psalmen.

Ders. 1975, Wege der Psalmenexegese.

Crüsemann Frank 1969, Studien zur Formgeschichte von Hymnus und Danklied in Israel.

Gelin Albert 1959, La question des "relectures" bibliques à l'intérieur d' une tradition vivante, in: Sacra Pagina Bd. I, J. Coppens et al. (Eds), 303-315.

Gestrich Christof 1989, Die Wiederkehr des Glanzes in der Welt. Die christliche Lehre von der Sünde und ihrer Vergebung in gegenwärtiger Verantwortung.

Gunkel Hermann 1933, Einleitung in die Psalmen, Zu Ende geführt von J. Begrich, Nachdruck 1975.

Korpel Marjo Christina Anette/de Moor Johannes Cornelius 1988, Fundamentals of Ugaritic and Hebrew Poetry, in: The Structural Analysis of Biblical and Canaanite Poetry, W. van der Meer/J.C. de Moor (Eds), 1988, 1-61.

Kraus Hans-Joachim 1978[5], Psalmen, Biblischer Kommentar Altes Testament XV/1-2.

108

Lattke Michael 1991, Hymnus. Materialien zu einer Geschichte der antiken Hymnologie.

Loretz Oswald/Kottsieper Ingo 1987, Colometry in Ugaritic and Biblical Poetry. Introduction, Illustrations and Topical Bibliography.

Reventlow Henning Graf 1986, Gebet im Alten Testament.

Ringgren Helmer 1977, Art. *hll - hll* I und II, in: Theologisches Wörterbuch zum Alten Testament, G.J. Botterweck/H. Ringgren (Eds), Bd. II, 1977, 433-441.

Rad Gerhard von 1969[6], Theologie des Alten Testaments, Bd. I.

Sabourin Leopold 1970, The Psalms.

Seidel Hans 1980, Auf den Spuren der Beter. Einführung in die Psalmen.

Seybold Klaus 1986, Die Psalmen. Eine Einführung.

Ders. 1989, Art. Hymnus 1. Altes Testament, in: Evangelisches Kirchenlexikon, 3.Aufl., Bd. 2, 587f.

Spieckermann Hermann 1989, Heilsgegenwart. Eine Theologie der Psalmen.

Ders. 1990, "Barmherzig und gnädig ist der Herr...", Zeitschrift für die alttestamentliche Wissenschaft 102, 1-18.

Tigay Jeffrey H. 1987, What Is Man That You Have Been Mindful of Him? (On Psalm 8: 4-5), in: Love and Death in the Ancient Near East, FS M.H. Pope, 1987, 169-171.

Waschke Ernst-Joachim 1991, "Was ist der Mensch, daß du seiner gedenkest?" (Ps 8,5), Theologische Literaturzeitung 116, 801-812.

Weiss Meir 1972, Die Methode der "Total-Interpretation", in: Congress Volume Uppsala 1971, Supplements to Vetus Testamentum 22, 1972, 88-112.

Ders. 1976, Wege der neuen Dichtungswissenschaft in ihrer Anwendung auf die Psalmenforschung. Methodologische Bemerkungen, dargelegt am Beispiel von Psalm XLVI (1961), in: Zur neuen Psalmenforschung, P.H.A. Neumann (Ed.), Wege der Forschung 192, 1976, 400-451.

Westermann Claus 1971, Art. *hll*, in: Theologisches Handwörterbuch zum Alten Testament, E. Jenni/C. Westermann (Eds), Bd. I, 493-502.

Ders. 1977, Lob und Klage in den Psalmen, 5., erweiterte Auflage von: Das Loben Gottes in den Psalmen 1954.

Fritz Stolz

VERGLEICHENDE HYMNENFORSCHUNG

EIN NACHWORT

1. Interpretatio Graeca und Religionsphänomenologie

Der Hymnos ist dem Namen und der Sache nach zunächst eine griechische Angelegenheit. Allerdings greift der Name über den griechischen Raum hinaus; am deutlichsten in der jüdisch-griechischen Kultur: Die Septuaginta benützt den Ausdruck als Übersetzung vor allem von *t^ehillā*, aber auch von anderen Wörtern mit ähnlicher Bedeutung.[1] In ägyptisch-griechischer Kultur überschneiden sich Stileigentümlichkeiten der beiden Bereiche: Isis beispielsweise erhält einen Hymnus, der Griechisches und Ägyptisches beinhaltet.[2] Die Römer hingegen, welche in ihrem traditionellen Repertoire "religiösen" Redens nicht über etwas den Hymnen Vergleichbares verfügen, machen sich nicht nur den Ausdruck, sondern gleich auch die Sache zu eigen; römische Hymnendichtung lehnt sich in aller Regel an griechische Vorbilder an.[3] Die Übertragung des Ausdrucks "Hymnos" auf nichtgriechische Kulturlandlschaften illustriert also den Vorgang der interpretatio Graeca bzw. Romana, wie wir ihn aus dem Bereich der Götter kennen.[4] Auch dort bedeutet die Übertragung eines Namens zunächst Benennung einer Ähnlichkeit und Vergleichbarkeit; dann aber die wechselseitige Mitteilung von Qualitäten; und schließlich die Füllung einer "Leerstelle", welche sich im Kulturkontakt als solche bemerkbar macht.

---

1 Delling 1969, 496.
2 Peek 1930.
3 Norden 1914, 143-277.

Wenn die Religionswissenschaft der Neuzeit den Begriff des Hymnus über Griechenland hinaus zur Anwendung bringt - zunächst im Raum zeitlich und räumlich benachbarter Kulturen, dann aber darüber hinaus auf die "Religionen" aller Zeiten und Regionen ausgreifend[5] - so setzt sie fort, was sich in der Antike anbahnte. Die interpretatio Graeca wird gewissermaßen universalisiert. Und auch die damit gegebenen Probleme werden universalisiert, natürlich in modifizierter Gestalt. Die Suche nach Ähnlichkeiten setzt sich nun im größeren Rahmen der allgemeinen Religionsgeschichte fort. Eigenheiten, welche sich in einem Kulturbereich finden lassen, werden leicht auch in einem anderen entdeckt - und wohl auch häufig dort hineinprojiziert.[6] Hymnen erhalten so einen Kontext, der unabhängig von der konkreten Geschichte ist und einen allgemein menschheitsgeschichtlichen Horizont erhält.[7] So stellt etwa Heiler den Hymnus in eine "Genealogie" des "Wortes zu Gott", das bei "numinosen Urlauten" anfängt und beim Bittgebet aufhört; man erkennt unschwer das Gefälle einer religiösen Evolution vom Undifferenzierten zum Eindeutigen. Als "Binnenentwicklung" des Hymnus wird sodann eine Tendenz von der "sakral verbrämten, schwülstigen Hymnendichtung der Priester" zur "freien Hymnenpoesie" entdeckt;[8] hier steht die (neu)protestantische Vorstellung einer "Befreiung" religiösen Redens von der kirchlich-institutionell befangenen, "unechten" Normierung zur individuellen Religiosität im Hintergrund.

Solche Annäherungen an den Hymnus wirken heute antiquiert; der Mangel methodischer Stringenz einstiger Religionsphänomenologie ist offensichtlich geworden. Die assoziative Anreihung von ähnlichen Phänomenen reicht nicht aus für eine Klassifikation, welche die historische und soziale Einbettung eines Phänomens in Betracht ziehen will. Allerdings sieht sich vergleichende Religionsgeschichte auch heute mit Problemen der Art konfrontiert, wie sie die Religionsphänomenologie überhaupt ausgelöst haben. Sie muß schließlich den historischen Zeugnissen auch Namen geben, sie muß klassifizieren und in Beziehung setzen; sie bedarf also einer einer ordnenden Wissenschaftssprache, welche über den einzelnen Kultur- und Religionsraum hinausreicht. Aber der klassifikatorische Ordnungswille muß seine Prinzipien ausweisen.

---

4 Vgl. Wissowa 1918; Bloch 1976; Barie 1985.

5 Ich setze den Ausdruck "Religion" in Anführungszeichen, weil die universale Anwendung dieses Begriffs ja auch nicht so problemlos ist - ein Sachverhalt, welcher in einer systematisch orientierten Religionswissenschaft häufig diskutiert (vgl. etwa Kippenberg 1983), in der konkreten religionsgeschichtlichen Arbeit aber kaum reflektiert wird.

6 Dies ist etwa der Fall, wenn Heiler 1979, 323 "Henotheismus" als Kennzeichen der meisten Hymnen diagnostiziert.

7 Beispielhaft Heiler 1979, 322ff., im Anschluß an seine Arbeit von 1922.

8 Heiler 1979, 323.

Es ist selbstverständlich, daß eine ordnende Metasprache ihren Ausgangs-punkt im kulturellen Umfeld hat, in welchem sie entworfen wird. Es ist (von einem abendländischen Ausgangspunkt her) unumgänglich, zunächst von dem auszugehen, was in der abendländischen Kultur als "Gebet" oder "Hymnus" Gestalt gewonnen hat: Zum Gebet gehört nach diesem Verständnis wesentlich die Bitte an den allmächtigen Gott, zum Hymnus das Lob des jenseitigen Schöpfers. Aber es ist klar, daß im Übergang zum Alten Orient (oder in andere Kulturregionen) dieses Vorverständnis modifiziert werden muß; wenn das Gegenüber nicht im selben Sinne allmächtig oder jenseitig ist, wenn vielleicht auch die Gegenüber-Position nicht im selben Maße gegeben ist, verändern sich Funktion und Leistung von "Gebet" und "Hymnus". Damit stellt sich die Auf-gabe, parallel die Interdependenz von Rahmenbedingungen, Funktion und Lei-stung sprachlicher Gebilde, die man als "Hymnus" (oder ähnlich) bezeichnen möchte, in einer Weise festzuhalten, die sich an Sachverhalten verschiedener Kulturräume bewährt.

Die vorstehenden Beiträge haben auf je verschiedene Weise solche Frage-stellungen thematisiert. Hier soll nun versucht werden, verschiedene Gesichts-punkte in einen Zusammenhang zu rücken, also ein Stück Nacharbeit zu den Vorträgen und der Tagung als ganzer vorzulegen.

2. Interne und externe Klassifikationen

Fragt man nach dem Stellenwert von "Hymnen" in einer fremden Kultur, so wird man zunächst zu fragen haben, ob nicht kulturintern bereits Klassifika-tionen religiöser Literatur vorliegen, möglicherweise sogar in expliziter Form: Dies würde voraussetzen, daß bestimmte literarische Typen voneinander unter-schieden und benannt werden. Tatsächlich hat man im Hinblick auf Griechen-land den Hymnos als Oberbegriff "aller Arten sakraler Dichtungen und Gesän-ge" bezeichnet.[9] Aber sowohl der Hymnos wie auch dessen "Sonderformen", etwa der Paian, greifen über den Raum des Sakralen hinaus und berühren die philosophische Spekulation oder die biographische Lobrede, sind also keine trennscharfen Bezeichnungen. Dazu kommt, daß die Funktion des "Oberbe-griffs" für die Bezeichnung Hymnos eben von außen an die griechische Litera-tur herangetragen ist. Wo sich die Rhetorik in der Antike um normative Klä-rung von Begriffen bemüht (etwa im Hinblick auf Gattungen wie das En-komion), ist diese gerade strittig.[10] Dementsprechend kann es nicht gelingen, auch nur schon für Griechenland eine eindeutige Begriffsbestimmung zu erzie-len. Abstraktive Klassifikation, welche der Religionswissenschaftler für seine Wissenschaftssprache verwendet, ist in den Objektsprachen der Religionen nicht zu finden. Wo klassifizierenden Bezeichnungen von literarischen Kom-

---

9 Ziegler 1967, 1268. Vgl. auch Burkert (oben S. 10).
10 Zur Geschichte des poetischen und des philosophischen Enkomions vgl. Payr 1962.

positionen erscheinen, erbringen sie nicht die Leistung, die wir eigentlich von ihnen erwarten würden: Sie sind (nach unserem Dafürhalten) unpräzise oder insofern "unspezifisch", als sie sich an "äußerlichen" Gegebenheiten orientieren. Für die sumerischen "Gattungszuordnungen" schreibt Falkenstein beispielsweise: "Die Zuordnung eines Liedes zu einer Gattung ... hängt nicht, zum mindesten nicht primär, von inhaltlichen Gegebenheiten ab. Das ordnende Prinzip ist vielmehr die Beziehung zu bestimmten musikalischen Vortragsweisen."[11] Aber auch wo inhaltliche Elemente eine größere Rolle spielen (etwa bei den "Handerhebungsgebeten" oder den "Herzensberuhigungsgebeten" der späteren kassitischen Zeit) fehlt eine formale und/oder inhaltliche Konstanz der entsprechenden Kompositionen. Dasselbe gilt übrigens für die alttestamentlichen Psalmen; auch hier sind die (in sich höchst unterschiedlichen) Überschriften jedenfalls nicht das, was wir als "Gattungsbezeichnung" fassen würden.[12]

Die expliziten internen Klassifikationen, welche sich da und dort finden, eignen sich also kaum für einen unmittelbaren Anschluß religionswissenschaftlicher Klassifikation. Allerdings müssen interne Klassifikationen durchaus nicht expliziert sein; demnach gilt es, nach impliziten internen Klassifikationen zu suchen, an welche eher angeschlossen werden kann.[13] Dies hat im Bereich des Alten Orients insbesondere die alttestamentliche Gattungsforschung getan, indem sie nach den Verwendungszusammenhängen der Psalmen fragte.

3. Kulturspezifische Verwendungszusammenhänge - synchrone und diachrone Gesichtspunkte

Hermann Gunkels Arbeiten zur alttestamentlichen Literatur haben zu Beginn dieses Jahrhunderts einen Typus der "Gattungsforschung" entstehen lassen, der bis heute von grundlegender Bedeutung ist. Gunkel setzte eine literatursoziologische Verortung religiöser Texte in Gang: Er fragte nach dem typischen Verwendungszusammenhang, nach den Trägern und nach der Leistung traditioneller literarischer Überlieferungen; man würde dies heute als funktionale Fragestellung bezeichnen. Dabei stellt er fest, daß sich eine Konstanz der genannten Größen in einer Konstanz der Formgebung niederschlägt - wobei der Erkenntnisweg natürlich umgekehrt war: Konstante Merkmale der Formgebung führten Gunkel zum Postulat eines konstanten Verwendungszusammenhangs. Die Frage nach dem "Sitz im Leben" bestimmte nach Gunkel die alttestamentliche Psalmenforschung. Generationen von Theologiestudenten

---

11 Falkenstein/von Soden 1953, 18. Vgl auch Edzard (oben S. 20f).

12 Kraus 1978, §§ 4 und 6. Vgl. den Beitrag von Spieckermann.

13 Im Hinblick auf solche Probleme hat die Religionsgeschichte vieles von Typen der Kultur- und Religionswissenschaft zu lernen, welche sich mit den Religionen schriftloser Kulturen beschäftigen, etwa der Ethnoscience.

sind dazu angeleitet worden, Psalmen nach Gunkel-Begrich als Beispiele von Gattungen zu verstehen - in einem Maße, daß das Spezifische eines Textes gelegentlich hinter dem "Schema" zu verschwinden drohte.

Dieser Typus von Gattungsforschung ist durch eine synchrone Orientierung bestimmt: Die verschiedenen Psalmgattungen etwa repräsentieren idealerweise ein Gefüge kultischer Vorgänge, das zu einer bestimmten Zeit wirksam ist. Diese Vorgänge haben ihre spezifischen Leistungen, die sich wechselseitig ergänzen und insgesamt das ausmachen, was man als "Gesamtleistung" eines Kultus bezeichnen könnte - wobei diese "Gesamtleistung" bei Gunkel nicht thematisiert ist. An dieser Stelle wären historische Überlegungen fällig: Es ist ja nicht ausgemacht, daß "Kultus" immer und überall dasselbe leistet (auch wenn dies häufig eine undiskutierte Voraussetzung im Umkreis der Fragestellung der "myth-and-ritual"-Strömung oder anderer Wissenschaftstraditionen ist). Jedenfalls kann man dem synchronen Ansatz der Gattungsforschung eine diachrone Dimension zufügen, indem man nach der Veränderung von Gattungen und deren Leistungen und nach der Veränderung der "Gesamtleistung" von Kult nachgeht. Dies legt sich im Hinblick auf die alttestamentlichen Psalmgattungen in besonderer Weise nahe, und zwar aus verschiedenen Gründen. Zunächst aus dem ganz einfachen, daß die meisten alttestamentlichen Psalmen nicht so problemlos in ein Gattungsschema passen: Die Generalisierung, welche zur Beschreibung von Gattungen geführt hatte, wird problematisiert, wenn man zum einzelnen Exemplar zurückkehrt. Dies wird man teilweise (unter synchronem Gesichtspunkt) als Varianz erklären dürfen: Die sprachliche Gestaltung eines "Schemas" läßt sich sicher in einer bestimmten Bandbreite variieren. Dann aber können auch diachrone Erklärungen von Belang sein: Die Psalmentexte haben einen Funktions- und Leistungswandel durchgemacht - schließlich finden sie sich innerhalb einer "heiligen Schrift" des Judentums und nicht mehr im Arsenal eines altisraelitischen Kultfunktionärs. Daß sich dieser Wandel vielfach in den Texten niederschlägt, ist von vorneherein anzunehmen.[14]

Die biblischen Texte haben einen langen Überlieferungs- und schließlich Kanonisierungprozeß durchlaufen, bis sie schließlich zu Bestandteilen der Heiligen Schrift des Judentums bzw. der christlichen Kirche geworden sind. In den umliegenden Kulturen des Alten Orients liegen andere Formen von Quellen vor: Texte erscheinen hier in archäologischer Dokumentation, und dadurch

---

14 Schon bei Gunkel selbst machen sich in einer ganz bestimmten Weise diachrone Gesichtspunkte geltend: im Hinblick auf die "geistlichen Lieder" der späteren Zeit stellt er nicht mehr Frage nach der Verwendung, sondern nach dem Autor, dem religiösen Genie und dessen religiöser Erfahrung; er wechselt also die Fragestellung. Natürlich läßt sich auch im Hinblick auf frühere Texte nach dem Verfasser fragen (ob man darauf eine Antwort geben kann oder nicht, ist methodisch nicht von Gewicht), und man kann im Hinblick auf spätere Kompositionen nach dem Verwendungszusammenhang fragen. Zum Problem Stolz 1983, 23ff.

114

ist zunächt deren historische Einbettung etwas deutlicher, als dies im Hinblick auf biblische Überlieferungen der Fall ist. Dennoch zeigen sich im Prinzip vergleichbare Probleme; sowohl in Mesopotamien als auch in Ägypten werden Texte während langer Zeit überliefert, sie finden neue Verwendungszusammenhänge und unterliegen damit Modifikationen. Gewiß sind einzelne Gattungen typisch für bestimmte Zeiten und Regionen, inbesondere neue Gattungen. Aber daneben behalten auch überlieferte Kompostionen ihre prägende Kraft, die sich späterer Überlieferung mitteilt. Es ist also nicht nur so, daß ein bestimmtes Gefüge kultischer Vorgänge die literarischen Kompositionen formen würde, wie sich dies von einer synchronen Perspektive her ergibt; die Wirkung literarischer Überlieferung ist von vergleichbarer Formungsmacht. Erst die Berücksichtigung synchroner und diachroner Perspektiven ermöglichen den Entwurf einer Gattungsgeschichte im eigentlichen Sinn des Wortes.

Historische Prägekraft kann über einen einzelnen Kulturraum hinausreichen. Das Problem "indogermanischer" Hymnik ist dafür ein gutes Beispiel; der Beitrag von Eva Tichy verweist auf entsprechende Sachverhalte.[15] Daß solche Prägung aber auch abbrechen kann, geht aus der Arbeit von Gernot Wilhelm hervor.[16] Bei den Hethitern behauptete sich die indogermanische Sprache, nicht aber die entsprechende hymnische Überlieferung, die vielmehr durch einheimische und vor allem durch mesopotamische Elemente bestimmt wurde.

Bedeutet die Einwirkung spezifischer Formensprache etwa des Hymnus von einer Kultur auf die andere auch, daß die entsprechenden kultischen Vorgänge identisch sind? Nicht ohne weiteres; der "Transport" des hymnischer (und anderer literarischer) Stoffe erfolgt wohl durch Schreiber, also in einem Milieu, welches nicht mit der unmittelbaren kultischen Verwendung religiöser Stoffe befaßt ist.[17] So können Formelemente - und darüber hinaus ganze Exemplare einer kultischen Gattung - transportiert werden, ohne daß der entsprechende Verwendungszusammenhang mittransportiert wird, literarische Stoffe können in einen neuen Verwendungszusammenhang eingehen und formbildend wirken. Zur Illustration des Gemeinten genüge der Hinweis auf einen späteren hymnischen Überlieferungsstrang: Das Trishagion, das bei Jesaja wohl schon einen Reflex kultischen Geschehens bildet, wird in späterer christlicher Überlieferung zum Element des Meßformulars, von da aus gerät es in Kirchenlieder usw.

Synchrone und diachrone Gesichtspunkte sind also sinnvoll miteinander zu verbinden, wenn es um die Beschreibung von Hymnen geht. Die damit erzielte Vergleichbarkeit literarischer Kompositionen bzw. ihrer Verwendungen ist

---

15 Vgl. oben S 79ff.

16 Vgl. oben S 59ff.

17 Stolz 1988. Die Bedeutung von Schule, Bildung und literarischer Tradition ist in allen Beiträgen festgehalten.

damit allerdings auf jeweils spezifische kulturgeschichtliche Zusammenhänge beschränkt: Man kann im Idealfall Funktion und Funktionswandel eines bestimmten Hymnentypus zur Darstellung bringen. Da der Alte Orient ein historisch vielfältig verflochtenes Beziehungsgefüge darstellt, wäre mit einem solchen methodischen Instrumentarium schon allerhand zu erreichen. Das Programm der Religionsphänomenologie, von dem wir ausgingen, reicht jedoch viel weiter: Ihr ging es um universale Vergleichbarkeit des "Phänomens" Hymnus. Ist dieses Programm abzuschreiben?

4. Die Frage universaler Formen des Redens

Wir setzen für weitere Überlegungen wieder mit einer forschungsgeschichtlicher Erinnerung ein. Claus Westermann weist in seiner Arbeit über "Das Loben Gottes in den Psalmen" darauf hin, daß Gunkel an einigen Stellen über seine übliche, an der kultischen Verwendung orientierte Fragestellung hinausgeht: Eine geprägte Redeform ist nicht nur durch einen spezifischen kultischen Ablauf, sondern darüber hinaus durch grundlegende anthropologische Gegebenheiten bestimmt. In der Diskussion der Verwandtschaft bzw. Abhängigkeit zwischen israelitischen und mesopotamischen Gebeten schreibt Gunkel: "Überall aber, wo ein Mensch die Hände zum Gebet erhebt, stellen sich die gleichen Bestandteile des Gebets und die gleiche Reihenfolge dieser Bestandteile ein ... So betrachtet, beruht die Verwandtschaft ... auf der Eigenart des Gebets überhaupt."[18] Hier knüpft Westermann an. Er bestimmt "Loben" einerseits, "Klagen" und "Flehen" andererseits als Grundformen menschlichen Redens zu Gott. Entsprechend erhält der Gattungsbegriff bei ihm eine neue Nuance. "'Gattung' ist in dieser Gliederung der Psalmen weder primär ein literarischer noch ein kultischer Begriff. Beides ist er auch, aber beides erst in zweiter Linie. Die Gliederung ist bestimmt von den beiden Grundweisen des Redens zu Gott: Lob und Bitte."[19] Von diesem Ausgangspunkt aus wendet sich Westermann dann kurz babylonischen und noch kürzer ägyptischen Psalmen zu, um vor diesem Hintergrund das biblische Gotteslob zu analysieren.[20] Man hätte sich einen anderen Weg vorstellen können: Einen Weg in die Breite der Kultur- und Religionsgeschichte; es hätte sich dann

---

18 Gunkel 1927, 261.

19 Westermann 1977, 28. Vgl. dazu auch Spieckermann (oben S. 100f), unter Hinweis auf den theologiegeschichtlichen Kontext von Westermanns Ausgangspunkt.

20 Interessant ist, daß Spieckermanns Verfahren eine ähnliche Wende aufweist wie dasjenige Westermanns (trotz der Kritik an dessen Position): Er zeigt zunächst die Grenzen bisheriger Gattungsforschung auf und verweist dann auf das Hymnische als "fundamentale Verstehenskategorie für die Gott-Mensch-Welt-Relation". Auch hier ist der Rückgriff auf das "Grundlegende" der spezifisch theologischen Reflexion dienstbar gemacht und nicht einem generalisierenden Ausgriff auf "religiöse Erfahrung" generell.

erweisen müssen, inwiefern "Lob" und "Flehen" wirklich "Grundformen", d.h. universale Weisen menschlichen Redens zu Gott sind - wobei natürlich auch die hier vorausgesetzte Situation des Menschen "vor Gott" auf ihre Universalität hin zu prüfen wäre.[21]

Die Fragestellung erinnert unmittelbar an eine andere, der vergleichenden Religionswissenschaft geläufigere. Viel mehr Interesse als der Hymnus hat in der Forschungsgeschichte der Mythos gefunden. Geht man den vielfältigen Definitionsversuchen dieses Begriffs nach, so zeigt sich eine Tendenz zu immer allgemeineren Fassungen. Galt in früheren Stadien der Forschungsgeschichte etwa eine rituelle Einbettung als Kennzeichen des Mythos oder wenigstens eine inhaltliche Bestimmbarkeit als "Göttergeschichte", so begnügt man sich je länger je mehr mit dem Begriff der "traditionellen Erzählung", welche eine religiöse Orientierung vermittelt.[22] "Erzählung" ist eine Größe, die man wohl als einigermaßen universale Leistung menschlicher Sprache bezeichnen kann; "Erzählung" spielt wohl auch in allen Kulturen eine konstitutive Rolle für die Inszenierung des religiösen Symbolsystems. Dann wäre nach entsprechenden komplementären Leistungen der Sprache zu fragen - nach Weisen des "Besprechens", um die Terminologie von Harald Weinrich zu gebrauchen;[23] ob sich eine binäre Klassifikation "Loben/Flehen" universal bewährt, müßte überprüft werden. Jedenfalls könnte sich hier der Ansatz einer universal anwendbaren Fragestellung ergeben.

Wenn Assmann in seiner Bestimmung der Hymnen Ägyptens "Verkünden" und "Verklären" als Dimensionen des Hymnus bestimmt,[24] so erinnert dies in einer gewissen Weise an die eben getroffene Unterscheidung zwischen "Besprechen" und "Erzählen" - aber eben: Er weist beide Funktionen dem Hymnus zu. In welchem Maße im Alten Ägypten mit einem "Mythos" im Sinne einer wirklichen traditionellen Erzählung gerechnet werden kann, ist bekanntlich umstritten.[25] Aber auch in anderen Kulturen weisen "Hymnen" durchaus erzählende Momente auf - etwa in Israel oder auch in Indien; die Hymnen des Ṛgveda sind voller mythologischer Stoffe. Und andererseits ist

---

21 Die Religionsphänomenologie hat häufig versucht, eine solche anthropologische Basis für ihr Vorgehen zu suchen; z.B. Heiler 1922, bes. 486ff.; auch van der Leeuw 488ff. Allerdings ist diese anthropologische Grundlegung kaum reflektiert; sie wird als selbstverständlich vorausgesetzt.

22 Vgl. z.B. Burkert 1979.

23 Weinrich 1977. - In diesem Sinne habe ich versuchsweise vorgeschlagen, den Mythos als "wirklichkeitssetzende", den Hymnus als entsprechende erfahrungsgesättigte und bestätigende Redeweise zu verstehen. Stolz 1970, 80ff.

24 Vgl. oben S. 50f.

25 Assmann 1977.

der älteste erhaltene mesopotamische Mythos l u g a l - e ein eigenartiges Mittelding zwischen Hymnus und Mythos.[26]

Das alles bedeutet nicht, daß eine generelle Klassifikation wie die Opposition "Erzählen" und "Besprechen" nicht von heuristischem Wert wäre, um die verschiedenen Register des Redens in einem konkreten religiösen Symbolsystem zu klassifizieren. Aber es bedeutet, daß die Klassifikationen, die man universal zur Anwendung bringen will, nicht "ungebrochen" auf eine bestimmte Kultur angewendet werden können, sondern sich lediglich als Hilfsmittel für die Rekonstruktion der "inneren Ordnung" bewähren können: "Universalien" im Bereich des Religiösen (und wohl darüber hinaus) erweisen sich bei nüchterner Betrachtung lediglich als Elemente einer universal angewandten Fragestellung des Religionswissenschaftlers.

5. Die Unvergleichbarkeit von Hymnen

Ein inhaltliches Element vieler altorientalischer Hymnen ist durch das Lob eines unvergleichlichen Gottes bestimmt: Im Horizont des Textes treten andere Götter in den Hintergrund oder verschwinden vollständig. Theologischer Umgang mit den biblischen Hymnen kann sich diesem Horizont öffnen, kann sich auf die Bewegung des Gotteslobes einlassen. Dann sind Texte als Heilige Schrift rezipiert, die dementsprechende Reflexion gehört ins Feld der Theologie; der Beitrag Spieckermanns ist ein Beispiel für diesen Umgang mit Hymnen. Religionswissenschaftliche Distanz muß sich einer solchen Nähe versagen. Sie hält die Götter, welche der Hymnus möglicherweise als unvergleichbar preist, gewaltsam im Raum der Vergleichbarkeit fest, und so vergleicht sie auch die Hymnen aus einer Distanz, die zu überschreiten der Hymnus (möglicherweise) gerade anweist. Wer sich methodisch auf das Vergleichen einläßt, zahlt also seinen Preis. "Vergleichende Hymnenforschung" erhöht zwar die Reichweite ihrer Betrachtungsweise insofern, als sie ein Instrumentarium entwickelt, das eine gleichmäßige Betrachtung von "Hymnen" aus verschiedenen Zeiten und Regionen gestattet; aber diese Reichweite wird andererseits dadurch eingeschränkt, als die vergrößerte methodische Distanz zu den Texten diesen gegenüber vielleicht noch eine ästhetische, aber keine religiöse Würdigung mehr gestattet.

---

26 Textausgabe durch van Dijk 1983; Übersetzung auch bei Bottéro/Kramer 1989, 338ff.

Bibliographie:

Assmann Jan 1977, Die Verborgenheit des Mythos in Ägypten, Göttinger Miszellen 25, 7-43.

Barie Paul 1985, Interpretatio als religionspsychologisches Problem, in: Der Altsprachliche Unterricht 28: 2, 63-86.

Bloch Raymond 1976, Interpretatio, in: Recherches sur les religions de l'Italie antique, Genf, 1-42.

Bottéro Jean/Kramer Samuel Noah 1989, Lorsque les dieux fesaient l'homme. Mythologie mésopotamienne, Paris.

Burkert Walter 1979, Mythisches Denken: in: Poser Hans, Philosophie und Mythos, Berlin, 16-39.

Delling Gerhard 1969, Art. Hymnos, Theologisches Wörterbuch zum Neuen Testament.

Dijk Johannes Jacobus Adrianus van 1983, Lugal ud me-lám-bi nir-gal. Le récit épique et didactique des travaux de Ninurta, du déluge et de la nouvelle création, Leiden.

Falkenstein Adam / von Soden Wolfram 1953, Sumerische und akkadische Hymnen und Gebete, Zürich.

Gunkel Hermann 1933, Einleitung in die Psalmen. Die Gattungen der religiösen Lyrik Israels, zu Ende geführt von Joachim Begrich, Göttingen.

Heiler Friedrich 1922, Das Gebet, München.

Ders. 1979, Erscheinungsformen und Wesen der Religion, 2. Aufl., Stuttgart.

Kippenberg Hans 1983, Diskursive Religionswissenschaft, in: Burkhard Gladigow/Hans Kippenberg (Hg.), Neue Ansätze in der Religionswissenschaft, 9-28.

Kraus Hans-Joachim 1978, Psalmen, Biblischer Kommentar Altes Testament XV/1 2, 5. Aufl.

Leeuw Gerardus van der 1970, Religionsphänomenologie, Tübingen.

Norden Eduard 1914, Agnostos Theos. Untersuchungen zur Formengeschichte religiöser Rede, Leipzig.

Payr Theresia 1962, Art.: "Enkomion", in: RAC V, 331-343

Peek W. 1930, Der Isishymnos des Andros und verwandte Texte, Berlin.

Stolz Fritz 1970, Strukturen und Figuren im Kult von Jerusalem, Berlin.

Ders. 1983, Psalmen im nachkultischen Raum, Zürich.

Ders. 1988, Tradition orale et tradition écrite dans les religions de la Mésopotamie antique, in: Borgeaud Philippe, La mémoire des religions, Genève, 21-35.

Weinrich Harald 1977, Tempus. Besprochene und erzählte Welt, Stuttgart u.a., 3. Aufl.

Wissowa Georg 1918, "Interpretatio Romana", in: Archiv für Religionswissenschaft 19, 1-49.

Westermann Claus 1977, Lob und Klage in den Psalmen, 5., erweiterte Auflage von: Das Loben Gottes in den Psalmen 1954, Göttingen.

Ziegler Konrat 1967, Art.:"Hymnos", in: Der Kleine Pauly II, 1268-1271.

STICHWORTVERZEICHNIS

Adorantenkatalog, 93; 94
Ägypten, 59
Ahura Mazda, 90
Alkaios, 11
Ambiguität, 72
Ambivalenz, 65; 66; 68
Amunshymnus, 67
Angst und Schrecken, 67
Aphrodite, 81
Avesta, 79; 88
Ba, 78-80
Babylon, 65
Barmherzigkeit, 64
Bauelemente, 80
Beamte, 65; 67
Besprechen, 116
Bitte, 14; 20; 100
Briefe, literarische, 72
Crüsemann, Frank, 101
Diachronie, 113
Dialoglied, 87
Dichter, 86
Diffusion, 16
Dithyrambos, 10
Du-Stil, s. Person, grammatikalische
Echnaton, 77
Enkomion, 9
Epiphanie, 14f

Epitheta, 14; 25; 26
Erzählung, 116
Erziehung, 61
Esoterik, 81
Eulogie, 59; 68
Fest, 23
Festspiele, 13
Form, 103
Fravardīn-Yašts, 91
Funktion, 14; 112; 115
Fürbitte, 64
Gathas, 89
Gattung, 99; 112
Gebet, 20
Gebetsbeschwörung, 22
Gerechtigkeit, 64
Gesang, 80
Gott-Mensch-Welt-Relation, 103
Götteranrufung, 60
Götterhymnen, 22; 67
Gotteslob, 74
Grabinschriften, 67f
Grabmonumente, 65
Griechenland, 9
Gruß, 14
Gunkel, Hermann, 99; 112
Hatti, 59f
Hauptgottheit, 25

Heiler, Friedrich, 110
Herrschaft, 77
Hesiod, 9
Hethiter, 59
Hilfsgeister, 71
Homer, 10; 67
hurritischen Kultur, 60
Hymnos, 9
Ich-Stil, s. Person, grammatikalische
Idealtypen, 102
imperativischer Hymnus, 101
Indien, 79
Indogermanen, 11f; 60; 66; 74
Indra, 81; 82; 86
inschriftliche Zeugnisse, 13
Interpretatio Graeca, 109
Iran, 79
Israel, 97
Ištar, 70
Kallimachos, 10; 11
Kataloge, 23
Keilschrift, 59
Klage, 98; 100
Klassifikation, 111
Kleanthes, 12
Königshymnus, 19; 22; 67
Königskult, 65
Kosmos, 76
Kult, 11; 65; 67; 60
kultische Rede, 64
kultische Texte, 67
Kunstwerk, 28
Kurzhymnen, 90
Leben, 77
Lehre, 67
literarisch-theologisches Interesse, 73
literarische Schöpfungen, 13
Literatur, 65; 66; 67; 74
Lob, 20; 100
Lobaufforderung, 104
loyalistische Lehre, 61

Macht, 65
Magie, 13
Maruts, 85
Mesopotamien, 19; 60
Metrik, 11; 89
Metrum, 81; 91
Mitanni, 60
Mnemotechnik, 91
Monotheismus, 78
Musik, 15
musikalische Begleitung, 20; 80
Musikanten, 24
Musikinstrumente, 21
Mythos, 14f; 116
Namen, 14
Naturschilderung, 87
Neuerung, 85
Nilhymnus, 66
Nominalstil, 59; 65
Öffentlichkeit, 24
Opfer, 80; 88
Opfereinladungen, 80
Orpheus, 10; 11
Osirishymnus, 63
Paian, 10
Partizipialstil, 64; 103
Partizipien, 60; 63; 101
Person, grammatikalische, 27; 68; 69;
    64; 84; 87; 103
Personennamen, 23
Personifikation, 67
persönlicher Gott, 64
philosophischer Hymnos, 12
Platon, 9
Polis-Fest, 11
Politik, 62
Prädikation, 64
Preislieder, 20
Priestertum, 77
Proklos, 10; 11
Propaganda, 60; 61; 64; 65; 67

Prosahymnus, 89; 91
Prosalitanei, 80; 89
Psalm 103, 105
Psalm 8, 104
Psalter, 12; 97
Ŗgveda, 79
Reflexion, 104f
Refrain, 83
Religionsphänomenologie, 109
rhetorische Prosahymnen, 12
Ritual, 23; 70; 80; 60; 73
Ritualliteratur, 73
Sänger, 24
Sappho, 11; 81
Schöpfung, 77
Schrift, 69
Schriftlichwerden der Religion, 77
Schule, 24; 65
Seher, 86
Selbstpreisung, 88
Sinuhe, 59; 60
Sitz im Leben, 62; 112
Sonnengott, 62; 69
Sonnengöttin von Arinna, 68
Sonnenhymnik, 74
Sonnenwagens, 66
statisch/dynamisch, 76
Stele, 61; 64
Stil, 26
Streitgespräch, 68
Synchronie, 113
Tanz, 15
Tempellied, 22
Theologie, 76; 78; 79; 104
Tod, 76
Totenanrede, 74
Totengericht, 74
Totenkult, 70; 74
Tradition/Neuerung, 27; 85
Verehrungsauftrag, 93; 94
Westermann, Claus, 100; 115

Wettergott, 69
Wiedergeburt, 76
Wir-Stil, s. Person, grammatikalische
wörtliche Rede, 87
Yašts, 79
Yasna, 90
Zaubertexte, 13
zyklischer Prozeß, 76

ORBIS BIBLICUS ET ORIENTALIS – Lieferbare Titel

Bd. 4   KARL JAROŠ: *Die Stellung des Elohisten zur kanaanäischen Religion.* 294 Seiten, 12 Abbildungen. 1982. 2. verbesserte und überarbeitete Auflage.

Bd. 7   RAINER SCHMITT: *Exodus und Passa. Ihr Zusammenhang im Alten Testament.* 124 Seiten. 1982. 2. neubearbeitete Auflage.

Bd. 8   ADRIAN SCHENKER: *Hexaplarische Psalmenbruchstücke.* Die hexaplarischen Psalmenfragmente der Handschriften Vaticanus graecus 752 und Canonicianus graecus 62. Einleitung, Ausgabe, Erläuterung. XXVIII–446 Seiten. 1975.

Bd. 10   EDUARDO ARENS: *The HΛΘON-Sayings in the Synoptic Tradition.* A Historico-critical Investigation. 370 Seiten. 1976.

Bd. 11   KARL JAROŠ: *Sichem.* Eine archäologische und religionsgeschichtliche Studie, mit besonderer Berücksichtigung von Jos 24. 280 Seiten, 193 Abbildungen. 1976.

Bd. 11a KARL JAROŠ/BRIGITTE DECKERT: *Studien zur Sichem-Area.* 81 Seiten, 23 Abbildungen. 1977.

Bd. 17   FRANZ SCHNIDER: *Die verlorenen Söhne.* Strukturanalytische und historisch-kritische Untersuchungen zu Lk 15. 105 Seiten. 1977.

Bd. 18   HEINRICH VALENTIN: *Aaron.* Eine Studie zur vor-priesterschriftlichen Aaron-Überlieferung. VIII–441 Seiten. 1978.

Bd. 19   MASSÉO CALOZ: *Etude sur la LXX origénienne du Psautier.* Les relations entre les leçons des Psaumes du Manuscrit Coislin 44, les Fragments des Hexaples et le texte du Psautier Gallican. 480 pages. 1978.

Bd. 20   RAPHAEL GIVEON: *The Impact of Egypt on Canaan.* Iconographical and Related Studies. 156 Seiten, 73 Abbildungen. 1978.

Bd. 22/3 CESLAS SPICQ: *Notes de Lexicographie néo-testamentaire.* Supplément. 698 pages. 1982.

Bd. 25/1 MICHAEL LATTKE: *Die Oden Salomos in ihrer Bedeutung für Neues Testament und Gnosis.* Band I. Ausführliche Handschriftenbeschreibung. Edition mit deutscher Parallel-Übersetzung. Hermeneutischer Anhang zur gnostischen Interpretation der Oden Salomos in der Pistis Sophia. XI–237 Seiten. 1979.

Bd. 25/1a MICHAEL LATTKE: *Die Oden Salomos in ihrer Bedeutung für Neues Testament und Gnosis.* Band Ia. Der syrische Text der Edition in Estrangela Faksimile des griechischen Papyrus Bodmer XI. 68 Seiten. 1980.

Bd. 25/2 MICHAEL LATTKE: *Die Oden Salomos in ihrer Bedeutung für Neues Testament und Gnosis.* Band II. Vollständige Wortkonkordanz zur handschriftlichen, griechischen, koptischen, lateinischen und syrischen Überlieferung der Oden Salomos. Mit einem Faksimile des Kodex N. XVI–201 Seiten. 1979.

Bd. 25/3 MICHAEL LATTKE: *Die Oden Salomos in ihrer Bedeutung für Neues Testament und Gnosis.* Band III. XXXIV–478 Seiten. 1986.

Bd. 27   JOSEF M. OESCH: *Petucha und Setuma.* Untersuchungen zu einer überlieferten Gliederung im hebräischen Text des Alten Testaments. XX–392–37* Seiten. 1979.

Bd. 28   ERIK HORNUNG/OTHMAR KEEL (Herausgeber): *Studien zu altägyptischen Lebenslehren.* 394 Seiten. 1979.

Bd. 29 HERMANN ALEXANDER SCHLÖGL: *Der Gott Tatenen*. Nach Texten und Bildern des Neuen Reiches. 216 Seiten, 14 Abbildungen. 1980.

Bd. 30 JOHANN JAKOB STAMM: *Beiträge zur Hebräischen und Altorientalischen Namenkunde*. XVI–264 Seiten. 1980.

Bd. 31 HELMUT UTZSCHNEIDER: *Hosea – Prophet vor dem Ende*. Zum Verhältnis von Geschichte und Institution in der alttestamentlichen Prophetie. 260 Seiten. 1980.

Bd. 32 PETER WEIMAR: *Die Berufung des Mose*. Literaturwissenschaftliche Analyse von Exodus 2, 23–5, 5. 402 Seiten. 1980.

Bd. 33 OTHMAR KEEL: *Das Böcklein in der Milch seiner Mutter und Verwandtes*. Im Lichte eines altorientalischen Bildmotivs. 163 Seiten, 141 Abbildungen. 1980.

Bd. 34 PIERRE AUFFRET: *Hymnes d'Egypte et d'Israël*. Etudes de structures littéraires. 316 pages, 1 illustration. 1981.

Bd. 35 ARIE VAN DER KOOIJ: *Die alten Textzeugen des Jesajabuches*. Ein Beitrag zur Textgeschichte des Alten Testaments. 388 Seiten. 1981.

Bd. 36 CARMEL McCARTHY: *The Tiqqune Sopherim and Other Theological Corrections in the Masoretic Text of the Old Testament*. 280 Seiten. 1981.

Bd. 37 BARBARA L. BEGELSBACHER-FISCHER: *Untersuchungen zur Götterwelt des Alten Reiches im Spiegel der Privatgräber der IV. und V. Dynastie*. 336 Seiten. 1981.

Bd. 38 MÉLANGES DOMINIQUE BARTHÉLEMY. *Etudes bibliques offertes à l'occasion de son 60ᵉ anniversaire*. Edités par Pierre Casetti, Othmar Keel et Adrian Schenker. 724 pages, 31 illustrations. 1981.

Bd. 39 ANDRÉ LEMAIRE: *Les écoles et la formation de la Bible dans l'ancien Israël*. 142 pages, 14 illustrations. 1981.

Bd. 40 JOSEPH HENNINGER: *Arabica Sacra*. Aufsätze zur Religionsgeschichte Arabiens und seiner Randgebiete. Contributions à l'histoire religieuse de l'Arabie et de ses régions limitrophes. 347 Seiten. 1981.

Bd. 41 DANIEL VON ALLMEN: *La famille de Dieu*. La symbolique familiale dans le paulinisme. LXVII–330 pages, 27 planches. 1981.

Bd. 42 ADRIAN SCHENKER: *Der Mächtige im Schmelzofen des Mitleids*. Eine Interpretation von 2 Sam 24. 92 Seiten. 1982.

Bd. 43 PAUL DESELAERS: *Das Buch Tobit*. Studien zu seiner Entstehung, Komposition und Theologie. 532 Seiten + Übersetzung 16 Seiten. 1982.

Bd. 44 PIERRE CASETTI: *Gibt es ein Leben vor dem Tod?* Eine Auslegung von Psalm 49. 315 Seiten. 1982.

Bd. 46 ERIK HORNUNG: *Der ägyptische Mythos von der Himmelskuh*. Eine Ätiologie des Unvollkommenen. Unter Mitarbeit von Andreas Brodbeck, Hermann Schlögl und Elisabeth Staehelin und mit einem Beitrag von Gerhard Fecht. XII–129 Seiten, 10 Abbildungen. 1991. 2. ergänzte Auflage.

Bd. 47 PIERRE CHERIX: *Le Concept de Notre Grande Puissance (CG VI, 4)*. Texte, remarques philologiques, traduction et notes. XIV–95 pages. 1982.

Bd. 49 PIERRE AUFFRET: *La sagesse a bâti sa maison*. Etudes de structures littéraires dans l'Ancien Testament et spécialement dans les psaumes. 580 pages. 1982.

Bd. 50/1 DOMINIQUE BARTHÉLEMY: *Critique textuelle de l'Ancien Testament.* 1. Josué, Juges, Ruth, Samuel, Rois, Chroniques, Esdras, Néhémie, Esther. Rapport final du Comité pour l'analyse textuelle de l'Ancien Testament hébreu institué par l'Alliance Biblique Universelle, établi en coopération avec Alexander R. Hulst †, Norbert Lohfink, William D. McHardy, H. Peter Rüger, coéditeur, James A. Sanders, coéditeur. 812 pages. 1982.

Bd. 50/2 DOMINIQUE BARTHÉLEMY: *Critique textuelle de l'Ancien Testament.* 2. Isaïe, Jérémie, Lamentations. Rapport final du Comité pour l'analyse textuelle de l'Ancien Testament hébreu institué par l'Alliance Biblique Universelle, établi en coopération avec Alexander R. Hulst †, Norbert Lohfink, William D. McHardy, H. Peter Rüger, coéditeur, James A. Sanders, coéditeur. 1112 pages. 1986.

Bd. 50/3 DOMINIQUE BARTHÉLEMY: *Critique textuelle de l'Ancien Testament.* Tome 3. Ézéchiel, Daniel et les 12 Prophètes. Rapport final du Comité pour l'analyse textuelle de l'Ancien Testament hébreu institué par l'Alliance Biblique Universelle, établi en coopération avec Alexander R. Hulst†, Norbert Lohfink, William D. McHardy, H. Peter Rüger†, coéditeur, James A. Sanders, coéditeur. 1424 pages. 1992.

Bd. 52 MIRIAM LICHTHEIM: *Late Egyptian Wisdom Literature in the International Context.* A Study of Demotic Instructions. X–240 Seiten. 1983.

Bd. 53 URS WINTER: *Frau und Göttin.* Exegetische und ikonographische Studien zum weiblichen Gottesbild im Alten Israel und in dessen Umwelt. XVIII–928 Seiten, 520 Abbildungen. 1987. 2. Auflage. Mit einem Nachwort zur 2. Auflage.

Bd. 54 PAUL MAIBERGER: *Topographische und historische Untersuchungen zum Sinaiproblem.* Worauf beruht die Identifizierung des Ǧabal Mūsā mit dem Sinai? 189 Seiten, 13 Tafeln. 1984.

Bd. 55 PETER FREI/KLAUS KOCH: *Reichsidee und Reichsorganisation im Perserreich.* 119 Seiten, 17 Abbildungen. 1984. Vergriffen. Neuauflage in Vorbereitung.

Bd. 56 HANS-PETER MÜLLER: *Vergleich und Metapher im Hohenlied.* 59 Seiten. 1984.

Bd. 57 STEPHEN PISANO: *Additions or Omissions in the Books of Samuel.* The Significant Pluses and Minuses in the Massoretic, LXX and Qumran Texts. XIV–295 Seiten. 1984.

Bd. 58 ODO CAMPONOVO: *Königtum, Königsherrschaft und Reich Gottes in den Frühjüdischen Schriften.* XVI–492 Seiten. 1984.

Bd. 59 JAMES KARL HOFFMEIER: *Sacred in the Vocabulary of Ancient Egypt.* The Term *DSR,* with Special Reference to Dynasties I–XX. XXIV–281 Seiten, 24 Figures. 1985.

Bd. 60 CHRISTIAN HERRMANN: *Formen für ägyptische Fayencen.* Katalog der Sammlung des Biblischen Instituts der Universität Freiburg Schweiz und einer Privatsammlung. XXVIII-199 Seiten. Mit zahlreichen Abbildungen im Text und 30 Tafeln. 1985.

Bd. 61 HELMUT ENGEL: *Die Susanna-Erzählung.* Einleitung, Übersetzung und Kommentar zum Septuaginta-Text und zur Theodition-Bearbeitung. 205 Seiten + Anhang 11 Seiten. 1985.

Bd. 62 ERNST KUTSCH: *Die chronologischen Daten des Ezechielbuches.* 82 Seiten. 1985.

Bd. 63 MANFRED HUTTER: *Altorientalische Vorstellungen von der Unterwelt.* Literar- und religionsgeschichtliche Überlegungen zu «Nergal und Ereškigal». VIII–187 Seiten. 1985.

Bd. 64 HELGA WEIPPERT/KLAUS SEYBOLD/MANFRED WEIPPERT: *Beiträge zur prophetischen Bildsprache in Israel und Assyrien.* IX–93 Seiten. 1985.

Bd. 65 ABDEL-AZIZ FAHMY SADEK: *Contribution à l'étude de l'Amdouat.* Les variantes tardives du Livre de l'Amdouat dans les papyrus du Musée du Caire. XVI–400 pages, 175 illustrations. 1985.

Bd. 66   HANS-PETER STÄHLI: *Solare Elemente im Jahweglauben des Alten Testamentes.* X–60 Seiten. 1985.

Bd. 67   OTHMAR KEEL / SILVIA SCHROER: *Studien zu den Stempelsiegeln aus Palästina/Israel.* Band I. 115 Seiten, 103 Abbildungen. 1985.

Bd. 68   WALTER BEYERLIN: *Weisheitliche Vergewisserung mit Bezug auf den Zionskult.* Studien zum 125. Psalm. 96 Seiten. 1985.

Bd. 69   RAPHAEL VENTURA: *Living in a City of the Dead.* A Selection of Topographical and Administrative Terms in the Documents of the Theban Necropolis. XII–232 Seiten. 1986.

Bd. 70   CLEMENS LOCHER: *Die Ehre einer Frau in Israel.* Exegetische und rechtsvergleichende Studien zu Dtn 22, 13–21. XVIII–464 Seiten. 1986.

Bd. 71   HANS-PETER MATHYS: *Liebe deinen Nächsten wie dich selbst.* Untersuchungen zum alttestamentlichen Gebot der Nächstenliebe (Lev 19,18). XII–204 Seiten. 1990. 2. verbesserte Auflage.

Bd. 72   FRIEDRICH ABITZ: *Ramses III. in den Gräbern seiner Söhne.* 156 Seiten, 31 Abbildungen. 1986.

Bd. 73   DOMINIQUE BARTHÉLEMY/DAVID W. GOODING/JOHAN LUST/EMANUEL TOV: *The Story of David and Goliath.* 160 Seiten. 1986.

Bd. 74   SILVIA SCHROER: *In Israel gab es Bilder.* Nachrichten von darstellender Kunst im Alten Testament. XVI–553 Seiten, 146 Abbildungen. 1987.

Bd. 75   ALAN R. SCHULMAN: *Ceremonial Execution and Public Rewards.* Some Historical Scenes on New Kingdom Private Stelae. 296 Seiten, 41 Abbildungen. 1987.

Bd. 76   JOŽE KRAŠOVEC: *La justice (Ṣdq) de Dieu dans la Bible hébraïque et l'interprétation juive et chrétienne.* 456 pages. 1988.

Bd. 77   HELMUT UTZSCHNEIDER: *Das Heiligtum und das Gesetz.* Studien zur Bedeutung der sinaitischen Heiligtumstexte (Ez 25–40; Lev 8–9). XIV–326 Seiten. 1988.

Bd. 78   BERNARD GOSSE: *Isaïe 13,1–14,23.* Dans la tradition littéraire du livre d'Isaïe et dans la tradition des oracles contre les nations. 308 pages. 1988.

Bd. 79   INKE W. SCHUMACHER: *Der Gott Sopdu – Der Herr der Fremdländer.* XVI–364 Seiten, 6 Abbildungen. 1988.

Bd. 80   HELLMUT BRUNNER: *Das hörende Herz.* Kleine Schriften zur Religions- und Geistesgeschichte Ägyptens. Herausgegeben von Wolfgang Röllig. 449 Seiten, 55 Abbildungen. 1988.

Bd. 81   WALTER BEYERLIN: *Bleilot, Brecheisen oder was sonst?* Revision einer Amos-Vision. 68 Seiten. 1988.

Bd. 82   MANFRED HUTTER: *Behexung, Entsühnung und Heilung.* Das Ritual der Tunnawiya für ein Königspaar aus mittelhethitischer Zeit (KBo XXI 1 – KUB IX 34 – KBo XXI 6). 186 Seiten. 1988.

Bd. 83   RAPHAEL GIVEON: *Scarabs from Recent Excavations in Israel.* 114 Seiten. Mit zahlreichen Abbildungen im Text und 9 Tafeln. 1988.

Bd. 84   MIRIAM LICHTHEIM: *Ancient Egyptian Autobiographies chiefly of the Middle Kingdom.* A Study and an Anthology. 200 Seiten, 10 Seiten Abbildungen. 1988.

Bd. 85   ECKART OTTO: *Rechtsgeschichte der Redaktionen im Kodex Ešnunna und im «Bundesbuch».* Eine redaktionsgeschichtliche und rechtsvergleichende Studie zu altbabylonischen und altisraelitischen Rechtsüberlieferungen. 220 Seiten. 1989.

Bd. 86   ANDRZEJ NIWIŃSKI: *Studies on the Illustrated Theban Funerary Papyri of the 11th and 10th Centuries B.C.* 488 Seiten, 80 Seiten Tafeln. 1989.

Bd. 87 URSULA SEIDL: *Die babylonischen Kudurru-Reliefs.* Symbole mesopotamischer Gottheiten. 236 Seiten, 33 Tafeln und 2 Tabellen. 1989.

Bd. 88 OTHMAR KEEL/HILDI KEEL-LEU/SILVIA SCHROER: *Studien zu den Stempelsiegeln aus Palästina/Israel.* Band II. 364 Seiten, 652 Abbildungen. 1989.

Bd. 89 FRIEDRICH ABITZ: *Baugeschichte und Dekoration des Grabes Ramses' VI.* 202 Seiten, 39 Abbildungen. 1989.

Bd. 90 JOSEPH HENNINGER SVD: *Arabica varia.* Aufsätze zur Kulturgeschichte Arabiens und seiner Randgebiete. Contributions à l'histoire culturelle de l'Arabie et de ses régions limitrophes. 504 Seiten. 1989.

Bd. 91 GEORG FISCHER: *Jahwe unser Gott.* Sprache, Aufbau und Erzähltechnik in der Berufung des Mose (Ex. 3–4). 276 Seiten. 1989.

Bd. 92 MARK A. O'BRIEN: *The Deuteronomistic History Hypothesis:* A Reassessment. 340 Seiten. 1989.

Bd. 93 WALTER BEYERLIN: *Reflexe der Amosvisionen im Jeremiabuch.* 120 Seiten. 1989.

Bd. 94 ENZO CORTESE: *Josua 13–21.* Ein priesterschriftlicher Abschnitt im deuteronomistischen Geschichtswerk. 136 Seiten. 1990.

Bd. 95 ERIK HORNUNG (Herausgeber): *Zum Bild Ägyptens im Mittelalter und in der Renaissance. Comment se représente-t-on l'Egypte au Moyen Age et à la Renaissance.* 268 Seiten. 1990.

Bd. 96 ANDRÉ WIESE: *Zum Bild des Königs auf ägyptischen Siegelamuletten.* 264 Seiten. Mit zahlreichen Abbildungen im Text und 32 Tafeln. 1990.

Bd. 97 WOLFGANG ZWICKEL: *Räucherkult und Räuchergeräte.* Exegetische und archäologische Studien zum Räucheropfer im Alten Testament. 372 Seiten. Mit zahlreichen Abbildungen im Text. 1990.

Bd. 98 AARON SCHART: *Mose und Israel im Konflikt.* Eine redaktionsgeschichtliche Studie zu den Wüstenerzählungen. 296 Seiten. 1990.

Bd. 99 THOMAS RÖMER: *Israels Väter.* Untersuchungen zur Väterthematik im Deuteronomium und in der deuteronomistischen Tradition. 664 Seiten. 1990.

Bd. 100 OTHMAR KEEL/MENAKHEM SHUVAL/CHRISTOPH UEHLINGER: *Studien zu den Stempelsiegeln aus Palästina/Israel.* Band III. Die Frühe Eisenzeit. Ein Workshop. XIV–456 Seiten. Mit zahlreichen Abbildungen im Text und 22 Tafeln. 1990.

Bd. 101 CHRISTOPH UEHLINGER: *Weltreich und «eine Rede».* Eine neue Deutung der sogenannten Turmbauerzählung (Gen 11,1–9). XVI–654 Seiten. 1990.

Bd. 102 BENJAMIN SASS: *Studia Alphabetica.* On the Origin and Early History of the Northwest Semitic, South Semitic and Greek Alphabets. X–120 Seiten. 16 Seiten Abbildungen. 2 Tabellen. 1991.

Bd. 103 ADRIAN SCHENKER: *Text und Sinn im Alten Testament.* Textgeschichtliche und bibeltheologische Studien. VIII–312 Seiten. 1991.

Bd. 104 DANIEL BODI: *The Book of Ezekiel and the Poem of Erra.* IV–332 Seiten. 1991.

Bd. 105 YUICHI OSUMI: *Die Kompositionsgeschichte des Bundesbuches Exodus 20,22b–23,33.* XII–284 Seiten. 1991.

Bd. 106 RUDOLF WERNER: *Kleine Einführung ins Hieroglyphen-Luwische.* XII–112 Seiten. 1991.

Bd. 107 THOMAS STAUBLI: *Das Image der Nomaden im Alten Israel und in der Ikonographie seiner sesshaften Nachbarn.* XII–408 Seiten. 145 Abb. und 3 Falttafeln. 1991.

Bd. 108 MOSHÉ ANBAR: *Les tribus amurrites de Mari.* VIII–256 Seiten. 1991.

Bd. 109 GÉRARD J. NORTON/STEPHEN PISANO (eds.): *Tradition of the Text.* Studies offered to Dominique Barthélemy in Celebration of his 70th Birthday. 336 Seiten. 1991.

Bd. 110   HILDI KEEL-LEU: *Vorderasiatische Stempelsiegel.* Die Sammlung des Biblischen Instituts der Universität Freiburg Schweiz. 180 Seiten. 24 Tafeln. 1991.

Bd. 111   NORBERT LOHFINK: *Die Väter Israels im Deuteronomium.* Mit einer Stellungnahme von Thomas Römer. 152 Seiten. 1991.

Bd. 112   EDMUND HERMSEN: *Die zwei Wege des Jenseits.* Das altägyptische Zweiwegebuch und seine Topographie. XII–282 Seiten, 1 mehrfarbige und 19 Schwarz-weiss-Abbildungen. 1992.

Bd. 113   CHARLES MAYSTRE: *Les grands prêtres de Ptah de Memphis.* XIV–474 pages, 2 planches. 1992.

Bd. 114   THOMAS SCHNEIDER: *Asiatische Personennamen in ägyptischen Quellen des Neuen Reiches.* 480 Seiten. 1992.

Bd. 115   ECKHARD VON NORDHEIM: *Die Selbstbehauptung Israels in der Welt des Alten Orients.* Religionsgeschichtlicher Vergleich anhand von Gen 15/22/28, dem Aufenthalt Israels in Ägypten, 2 Sam 7, 1 Kön 19 und Psalm 104. 240 Seiten. 1992.

Bd. 116   DONALD M. MATTHEWS: *The Kassite Glyptic of Nippur.* 208 Seiten. 210 Abbildungen. 1992.

Bd. 117   FIONA V. RICHARDS: *Scarab Seals from a Middle to Late Bronze Age Tomb at Pella in Jordan.* XII–152 Seiten, 16 Tafeln. 1992.

Bd. 118   YOHANAN GOLDMAN: *Prophétie et royauté au retour de l'exil. Les origines littéraires de la forme massorétique du livre de Jérémie.* XIV–270 pages. 1992.

Bd. 119   THOMAS M. KRAPF: *Die Priesterschrift und die vorexilische Zeit. Yehezkel Kaufmanns vernachlässigter Beitrag zur Geschichte der biblischen Religion.* XX-364 Seiten. 1992.

Bd. 120   MIRIAM LICHTHEIM: *Maat in Egyptian Autobiographies and Related Studies.* 236 Seiten, 8 Tafeln. 1992.

Bd. 121   ULRICH HÜBNER: *Spiele und Spielzeug im antiken Palästina.* 256 Seiten. 58 Abbildungen. 1992.

Bd. 122   OTHMAR KEEL: *Das Recht der Bilder, gesehen zu werden. Drei Fallstudien zur Methode der Interpretation altorientalischer Bilder.* 332 Seiten, 286 Abbildungen. 1992.

Bd. 123   WOLFGANG ZWICKEL (Hrsg.): *Biblische Welten. Festschrift für Martin Metzger zu seinem 65. Geburtstag.* 268 Seiten, 19 Abbildungen. 1993.

Bd. 124   AHMED FERJAOUI: *Recherches sur les relations entre l'Orient phénicien et Carthage.* 528 pages, 57 planches. 1993.

Bd. 125   BENJAMIN SASS/CHRISTOPH UEHLINGER (eds.): *Studies in the Iconography of Northwest Semitic Inscribed Seals. Proceedings of a symposium held in Fribourg on April 17-20, 1991.* 368 pages, 532 illustrations. 1993.

Bd. 126   RÜDIGER BARTELMUS/THOMAS KRÜGER/HELMUT UTZSCHNEIDER (Hrsg.): *Konsequente Traditionsgeschichte. Festschrift für Klaus Baltzer zum 65. Geburtstag.* 418 Seiten. 1993.

Bd. 127   ASKOLD I. IVANTCHIK: *Les Cimmériens au Proche-Orient.* 336 pages. 1993.

Bd. 128   JENS VOß: *Die Menora. Gestalt und Funktion des Leuchters im Tempel zu Jerusalem.* 124 Seiten. 1993.

Bd. 129   BERND JANOWSKI/KLAUS KOCH/GERNOT WILHELM (Hrsg.): *Religionsgeschichtliche Beziehungen zwischen Kleinasien, Nordsyrien und dem Alten Testament. Internationales Symposion Hamburg 17.-21. März 1990.* 572 Seiten. 1993.

Bd. 130   NILI SHUPAK: *Where can Wisdom be found?* The Sage's Language in the Bible and in Ancient Egyptian Literature. XXXII–516 pages. 1993.

Bd. 131   WALTER BURKERT / FRITZ STOLZ (Hrsg.): *Hymnen der Alten Welt im Kulturvergleich.* 134 Seiten. 1994.

Sonder-   PASCAL ATTINGER: *Eléments de linguistique sumérienne. La construction de du$_{11}$/e/di «dire».*
band   816 pages. 1993.

UNIVERSITÄTSVERLAG FREIBURG SCHWEIZ

Zum vorliegenden Buch

Hymnen gehören zu den grundlegenden religiösen Äußerungen der klassischen Antike, des Alten Orients, der frühen indogermanischen und der biblischen Welt. Was macht den Hymnus aus, was leistet er, wie verhält er sich zu anderen Typen religiöser Äußerungen? Läßt sich eine Geschichte des Hymnus in den einzelnen Schriftkulturen nachzeichnen, gibt es historische Berührungspunkte in der Hymnik der verschiedenen Kulturen? Solche Fragen stellen vor die Aufgabe, die methodischen Zugänge zur Gattung «Hymnus» und interkulturelle Vergleichsmöglichkeiten zu reflektieren. Die in diesem Bande versammelten Aufsätze gehen von verschiedenen Ausgangspunkten den genannten Problemen nach, so daß ein informativer Überblick über die historische, religionswissenschaftliche, theologische und komparatistische Diskussionslage ensteht.